# 有些情傷過不了，是因為你還不夠懂自己

照見真實自我的 43 道
愛·的·練·習·題

柚子甜——著

# 各界推薦

在愛情不同樣式的習題裡，我們執著於找尋解答，卻又反覆陷入期待與失望的惡性循環，好像不瘋狂、潦倒個幾回，就稱不上對愛信仰。

看到書名《有些情傷過不了，是因為你還不夠懂自己》，我就在想，對呀，我們誰沒有失戀過，只不過痛要痛得聲嘶力竭，笑也才能笑得肆無忌憚。在漫漫長路的盡頭，肯定有道彩虹，但在那之前的風景，你一定要陪伴自己路過；或者翻開這本書，聽柚子甜說。

——P's／作家

我們一路走來，從來沒有人教會我們應該如何去愛，於是我們在愛情這條路上，一路跌跌撞撞，直到傷痕累累，直到滿身瘡痍，直到丟失了自己，把自己困在過去動彈不得，逃不開愛情給予的傷痛。愛情或許沒有特定的模樣，但總有一些辦法讓我們能夠好好地去愛、敢愛、享受愛，就讓我們慢慢地學著如何溫柔地去愛，跟著柚子甜的愛情剖析，當一個在愛情裡義無反顧的人，因為我們是如此值得啊。

——不朽／作家

也許我們都要藉由別人的故事，看見自己的影子；而藉由柚子甜的文字，明白了我們其實都有選擇。

——尾巴 Misa／作家

寫作數年來，有不少讀者來信傾訴他們的感情煩惱，傾訴也好、發洩也好、討拍也好、求解也好，既然愛總有無法避免的傷害，至少文字能夠帶來一些溫暖，讓曾受傷的人還敢再去愛。

這本書收錄的故事，不盡然驚心動魄，卻都是一個個烙印最深的生命經驗，柚子甜以平易近人的筆觸，安慰了某些糾結的心情。愛人與被愛是一條漫漫長路，良人或許難遇，但願我們都能夠愛得有自己的風格。

——**陳默安／作家**

愛情是豐富生命最重要的養分，在每個人的戀愛過程中，多少都添加了一些有關分手、偷吃、劈腿、嫉妒和吃醋的配料。有酸有苦、有笑有淚，每一種可能的組合，都是在讓你尋找最甜蜜的滋味。

透過柚子甜的文字跟故事，我們更認識愛情、而且一起品嘗愛情，最後再一起，變成更愛自己的樣子。

而那個樣子，就是愛情最美的樣子。

——**凱特／跟著凱特一起飛 Vamos a volar**

# 自序／愛情不難，難的是人性

愛情，很困難嗎？

不會有人覺得它很容易。許多人繪聲繪影地描述自己的經歷，都說它來無影去無蹤。今天還纏綿繾綣，明日就狼心狗肺；有人說幸福就是恆久忍耐，另一幫人卻搖旗吶喊著「斷捨離」。

愛情讓人無所適從，還有人說它就像鬼：「大家都聽說過，卻沒幾個真正見過。」

我曾經也是個覺得「愛情好難」的少女，甚至每談一次戀愛都要重建一次價值觀。開始時想找愛我比愛他還多的，但很快就覺得枯燥乏味；下回找個風趣有才華的，卻發現對方像野馬一樣讓人操心。被傷過幾次以後，賭氣覺得不要認真了，只求及時行樂不問未來，結果跌得更慘。好不容易爬起來，覺得這次要好好定下來談一段成熟大人的戀愛，卻遇到比自己還不成熟的人，苦苦經營無效，最後還被甩。

我想談戀愛談到懷疑人生的，應該不是只有我，而是很多人共同的經歷吧？

很幸運的是，因為走進了身心靈領域，我開始學習探索內在，回頭檢視過去每一段關係，才發現自己只是在重複的課題裡打轉。每次以為成長了，其實是換個方式逃避；以為這樣就是愛情，卻只是內心的匱乏暫時被蒙蔽；以為是為了愛情而努力，殊不知只是不敢面對分離；以為老遇不對人，卻不知道那樣的人，也是被自己的頻率吸引來的。

愛情本身不難，是人性讓它變得無比複雜。

現在的我是一位兩性作家，也是心靈工作者。也許有人以為，「兩性作家」的工作就是要教別人「什麼才是愛情」——好男人願意為你做的八件事；三個小動作，判別他是認真還是玩玩；維繫幸福的六個小秘訣。好像專家手中握有一套公式，只要做好做滿，最終就能找到牢靠的真愛。

但我卻不這麼認為。關係是一場自我照見的旅程，一切的痛苦、摩擦、質疑，都跟對方無關，只跟自己的內在課題有關。當課題卡在盲點區，我們就會誤以為那是愛情致命的吸引力，而我的工作，只是協助找出那個盲點，溫柔地指出來，但要不要掙脫，只能看當事人的意願。

換言之，兩性作家也無法告訴你什麼才是愛情，只能告訴你什麼「不是」。當越來越多盲點被解開之後，適合你的愛情才會逐漸浮出來。在那之前，任何讓你覺得不舒適的關係，都不應該拿「兩性專家說」來逼自己就範。

這裡頭寫的故事，都是經過大量化名、改編，甚至以數個經歷相似的案主穿插改寫，為的是維護當事人隱私。然而故事的精神卻是原汁原味的，他也許是你、也許是我、也許跟你聽過的誰很像，因為愛情雖然千變萬化，人性卻往往只有那幾樣。

在某些情節裡，你甚至會見到我使用「牌卡」等靈性工具做輔助。這是因為，一次精準的心靈工作，往往需要結合「理性」、「感性」與「靈性」三種元素：理性是客觀、不帶偏見地傾聽案主的故事；感性是站在對方處境思考的同理心；而靈性，則是跳脫人類的視角，用直覺去提取那些案主沒說、我沒想過、甚至沒人注意到的，從高處往下俯視的觀點。這三方元素的交集，誕生每一篇故事的結晶，有理性、有感性、也有意想不到的靈性智慧。

我總是說，自己的文字表面上是談愛情，實際上卻是在講人性。真相有時很血淋淋，但我卻相信：唯有直視人性，愛情才有機會純粹。人性並不邪惡，人性就是人，談戀愛的也是人，想迴避人性而得到愛情的人，往往得到的也是虛假的幸福。

願我們能在每一個故事中照見自己。

※作者小叮嚀：身心靈是屬於內在探索領域，無法取代正規心理諮商與精神科，建議有需要的人，還是記得尋求醫療專業協助。

## 目錄

PART 1

# 那些難以放下的傷

為什麼我會「放不下」？ 017
後悔式的戀愛 022
別在原地等待，請跑給他追 027
跟前任復合，到底行不行？ 032
「倒數第二個男友」的真相 037
你不是有機會，只是被他吃定 042
「吃醋」，是在療癒愛情裡「不夠好」的印記 047
內心孤單的人，會眷戀前任的身影 052
失戀急性期：當感性還追不上理性 056

PART 2

## 感情中不只兩個人


巧合，一定是真愛？ 063
我們不是因為不愛才分手 068
愛情寄生症：因為怕麻煩，所以才愛你 073
男人真的可以愛著她，卻又跟別人上床？ 078
小三要的不是愛，是贏過正宮的快感 082
「慢慢淡掉」，是最糟的結束方式 087
為什麼人會離不開婚外情？ 091
「劈腿」跟專情無關，和他的「逃避指數」有關 096


PART 3

## 對頻戀愛養成術


你和「真命天子」的距離，其實只有四個人？ 103
快速招桃花心法：如何精準地吸引適合的另一半？ 108

你是真的「喜歡」，還是「輸不起」？ 113
話說遠距離：愛情不是真的無敵 117
男人無理取鬧？也許他在跟你討「自尊心」 121
男人沉默的時候，女人在想什麼？ 125
沒有讀心術的普通男 129
「忙碌卡」的三種涵義 134
「獨處力」：幸福的基底處方 138

PART 4

## 剛好及格的愛情

沒有喜歡的「適合」，就只是「湊合」罷了 145
剛好及格的他，是最難分手的情人 149
沙漠型情人 153
為什麼要我依賴你，卻又嫌我公主病？ 157
「男孩型戀人」的陷阱 162

「好女孩」的愛情陷阱 166
愛情折返跑：為何戒不掉爛男人 170
分手，是回到彼此該有的位置 175

PART 5

## 回頭看見自己的責任

縱容：只是拿自己的自尊，在換對方的不離開 181
她沒有問題，只是你害怕答案 186
你，牌卡中毒了嗎？ 191
「勸和」好還是「勸離」好？ 196
靈修，不是讓你諸事順利 201
他還愛著別人，卻只能跟我在一起？ 206
你不是想結婚，只是害怕他不愛你 210
名分我可以不要，但你不能給不起 215
選擇愛他之外，你還可以選擇快樂 219

PART

1

# 那些難以放下的傷

# 為什麼我會「放不下」？

你身邊有這樣的朋友嗎？

每次談話，他就像是一個黑色的水球，不管從哪個話題戳進去，都會有源源不絕的髒水汩汩流出——聊工作罵工作、聊感情罵感情、聊家庭時狠狠指責爸媽的不是，讓你頓時有種自己是汙水處理廠的錯覺。

樂樂身旁的朋友，對她八成也有這種印象。她先從最無關痛癢的工作開始說起，一開始數落同事是豬隊友，主管只會擺架子，又說這行已經是夕陽產業，訂單很難接，內部鬥爭得厲害。但是問她有沒有考慮轉行，她又摸摸鼻子，厭煩地說道：「再看看吧。」

罵完工作，她聊起自己的感情，原來前男友跟她已經分手兩年。但她談起這段往事時湧上的恨意，卻像兩個禮拜前才被甩。「那個垃圾根本是始亂終棄！」她惡狠狠地說：「他被我抓到劈腿自己的主管，天啊，那個歐巴桑大他二十歲耶！竟然還敢倒追我男友，真是太噁心了，賤貨、爛人！」

樂樂花了整整一個半小時，描述她和前男友的藕斷絲連的現況，而已經「扶正」的小三，則無所不用其極地阻止他們舊情復燃。前男友想玩兩面手法，一邊抓著新對象，一邊又不肯跟她斷乾淨。

我聽著她像隻虛弱的春蠶，源源不絕地吐著負能量的絲線，又被這些絲線捆得動彈不得，忍不住在她停歇片刻的時候打斷她：「好，如果以上這些問題，要先挑一個最重要的來解決，你會想先處理哪一個？」我問。

她愣了一下，似乎沒想過這個問題，接著才說道：「嗯……也許是前男友吧？」她口氣充滿了不確定：「其實我也曾經試著想放下，卻發現做不到。兩性文章我也看得很多，什麼『會留下的人你趕不走，會離開的人你留不住』、『真正的成熟，是懂得祝福分手』、『傷害背後，其實是生命給你的禮物』，道理我都懂，可是看完之後，大概只會好個五分鐘吧，一想起他們這對姦夫淫婦，我又跳回去鬼打牆了。」

她長長地嘆了口氣，像只洩了氣的皮球：「有時候我也被自己嚇一跳，只要一天沒有賭爛這對狗男女，好像心裡就覺得怪怪的。明明已經分手兩年了，我的人生卻卡在那一天，沒辦法再繼續前進了。」

她看著我，很絕望地問道：「你可不可以教我怎麼放下？」

「你知道嗎？其實恨一個人會成癮的。」我搖搖頭說道：「源頭不是你放不下，而是選擇用傷痛讓自己感覺活著。」

## 傷痛是毒品，有時候人需要它來感覺自己活著

小說改編的歷史劇《一把青》裡面，有著這樣一句話：「有一個人可以恨，日子過得容易一點。」

在那個顛沛流離的年代，生命懸如浮萍，早上出門的人，晚上可能都無法活著回家。動盪不安的日子裡，心底如果有個人可以恨，總還是個依歸，讓人感覺自己不至於是行屍走肉。

雖然現在並沒有在打仗，但人心就是依照這樣的本能在運作。**整體狀況不好的時候，人們會下意識地選擇抓住傷痛不放，自虐行為表面上很匪夷所思，實際上卻有另一層意義：「讓自己生活有重心」**。

有「抓住傷痛」傾向的人，「過得不好」通常是他們現階段人生的寫照。

工作不順利、經濟壓力大、跟朋友或家人疏離、找不到人生方向、生活空間亂糟糟、甚至連身體也不大好。在什麼都一團亂的情況下，一段感情的傷痛，就理所當然地成了內心憤怒的最佳出口。

憤怒雖然讓自己痛苦，但至少會讓人感覺還活著、甚至感覺自己對人生還有支配力。勸這種人「放手」幾乎是不可能的，因為他們一旦失去可以投射憤怒的標的，人生也會頓時失去重心。傷口的存在，是他們感覺自己活著的「必需品」，怎麼可能讓它好起來？當然要一想再想、一割再割、只能更恨，不能放手。就像毒品一樣上了癮，明知自己已深受其害，卻還是欲罷不能。

我後來告訴那些怎麼也走不出創傷的人，勉強放下是沒用的。因為「怎麼樣都放不下」，代表傷痛可能已經成為內在的必需品，才會反覆地被拋下又拾起、拋下又拾起。

到了這個階段，他們能做也該做的，已經不是勉強自己放下，而是先想辦法改善人生。為生命注入活水，重新打開人生的大門，多嘗試有興趣的活動、多結交各領域的朋友、換份有成就感的工作。當生命恢復了健全，自然不需要抓住傷口不放，漸漸走向結痂痊癒。

我跟樂樂說：「你不會先忘了前男友，才變成更好的人；你得要先成為更好的人，才能讓前男友的影子靜悄悄地離開你。」

慢慢來，傷口已經很久很深，但我們不急。

# 後悔式的戀愛

聽說有一種愛，叫做後悔當時放手。當事人在緬懷起舊愛時，往往懊悔不已，自責自己不長眼，才讓這麼好的人從手中溜走。

然而我卻不這麼看，更稱這種緬懷的情感為「後悔式的戀愛」。

「我大學的男友，最近要結婚了。」宜凌語氣有點吃醋，雖然距離他們分手已經三年了：「前幾天晚上，我睡覺前一邊滑手機，忽然看到他求婚成功的消息。這幾年我們一直有保持聯絡，但只是把對方當成普通朋友在關心，也早就知道他有女朋友。原本以為自己對他沒感情了，沒想到看到他要結婚，我才發現心裡還是會難受，或許我還有一點喜歡他吧？整個晚上都難以入眠。」

她指了指略帶紅腫的眼睛，沮喪地說：「我男朋友看我這幾天一直翻來覆去睡不好，還擔心地問我在煩惱什麼。我只說是工作壓力大，不敢讓他知道我是在難過這個。」

「啊，原來你現在有男友啊？」我本來以為吃醋代表自己還單身：「那你們平常相處還好嗎？」

「別提了，說到這個我就更氣。」宜凌翻了個白眼道：「我這幾天晚上失眠，有一部分就是懷疑自己根本選錯人了。當年我其實是為了這個男友才跟他分手的，那時交往到第三年，心裡覺得有點膩，加上又年輕不懂事，有其他男生追，我就貿然地分手跟他在一起了。結果交往到現在，才發現這傢伙根本不成器。」

她說，現任男友是個沒責任感的人，明明兩個人一起住，工作卻說辭就辭，落得宜凌要一個人繳全部的房租。「我最近勸他趕快去找工作，他卻推說景氣不好，不然就是找不到有興趣的，結果每天在家打電動。都吃不飽了還可以嫌工作沒興趣，難道我就活該要養他嗎？當初真是看走眼了才會選擇和他在一起。」

「那你覺得，換作是前男友，一定不會這樣嗎？」我問。

「一定不會啊！前男友在金錢上對我超大方的。我跟他交往時，不但沒花到一毛錢，他還曾經為了買一條很貴的手鍊給我當生日禮物，跑去多兼了一學期家教呢！」宜凌得意洋洋地說著，但想起前男友的好，神色又黯然起來：「現在都便宜了他老婆了。這些待遇本來都是我的，如果當時繼續跟他在一起，現在也不用辛辛苦苦養男人，這一定是我甩了他的報應。」

見我笑而不答，宜凌又慌忙地跟我解釋道：「不過，我是不會去橫刀奪愛的啦！就算我還喜歡他，也只會恨自己不珍惜，不可能會去拆散人家婚姻的，這個我明白。」

「不，我不是要說這個。」我笑著跟宜凌說：「只是我很慶幸你不會去橫刀奪愛，因為這個愛，是假的——是被後悔烘托出來的假性情感。」

## 後悔式的戀愛：別人拿走了，才想起你的好

你有沒有過這樣的經驗：在店裡看到一件還算順眼的衣服，拿起來對著鏡子左比右比，最後又把它放回去，覺得沒有喜歡到非買不可。之後其他客人拿起來，甚至還掏腰包結帳了，這時沒有挑到好衣服的你，才眼睜睜地看著客人帶走它，心裡懊悔剛才為什麼放手。它在你腦中忽然變得莫名完美，

剪裁非常特別、顏色多麼亮麗，你甚至完全想不起剛剛為什麼放下它。

**那是因為你的喜歡，只是建立在後悔之上、建立在已經得不到上、建立在現在沒有更好的東西上**。

然而，這種「喜歡」只是一種錯覺——因為那件衣服真有這麼好的話，你當初根本不會想要放下它；同理，這個人如果是你曾經捨得放手的，表示你並沒有真的非他不可。

他之後對你的吸引力開始破表，不是因為他一夕之間變成高富帥，而是因為你後來的情感生活「變差」了。新男友對你不好、磨合過程太辛苦、沒給你想要的愛情，種種的不快樂，都會讓心力交瘁的你，回頭放大舊愛的好，甚至以為自己還愛著舊情人，懊悔著自己為什麼衝動放手。

有人因為後悔式的情感，而試著挽回舊愛。卻不知道這樣做，反而非常容易開啟另一段後悔——因為現在喜歡，只是被後悔加了分；復合之後，後悔消失了，喜歡的程度當然也會逐漸降至原點。

我會告訴那些處於「後悔式戀愛」的人：與其浪費時間懊悔自己錯過什麼，不如好好面對現在的問題是什麼。

因為你的緬懷，不是前男友太好，而是現任男友太糟。後悔解決不了問題，就算真的被你挽回，也是治標不治本，更可能淪為另一段後悔而已。

# 別在原地等待，請跑給他追

有些人十萬火急地找你時，你看到未接來電，就已經暗自覺得不妙。不是因為對方特別煩人，反而是一個平常什麼都頂得住的人，竟然開口求救，你就知道事情棘手了。

「你方便講電話嗎？」在我漏接來電的時候，羽心留了訊息給我：「幾點都可以，想跟你聊聊。」

我放下手邊的工作，才剛送出「現在可以」，羽心幾乎是下一秒就撥了電話過來。

「哈囉，怎麼了？」我接起電話，盡可能溫和地詢問。而羽心一開口就把我嚇傻了——她竟然在哭，而她平常是不在別人面前哭的。

「聽到你的聲音真好。」她勉強壓下哭泣，對電話另一頭的我說：「我白天上班都忍著不敢哭，下班回家眼淚就流個不停，真的快受不了了。」

在沒有小孩以前，女人的哭泣多半是為了男人，這是我歸納出的經驗。

不過我怎麼記得羽心並沒有男友，難道是上次那個網友？但他們不是還在曖昧期嗎？

「我今天跟他攤牌了。從認識開始到現在快兩個月，我們已經出去十幾次，相處也從一般朋友，漸漸到像情侶一樣。我們出去會共用一根吸管、聊天時互稱親愛的，他還會在過馬路時牽我的手。」但奇怪的是，對方卻一直沒有告白，羽心這天終於捺不住性子，出遊時趁氣氛良好，鼓起十足勇氣問他：「你覺得我們是不是該在一起？」

本來認為以他們之間的感情，在一起是遲早的事，只差誰先開口。沒想到對方竟然面有難色起來，罕見地陷入沉默，羽心心中一驚，開始不死心地追問，男方才坦白地告訴她，自己其實還沒有準備好進入感情。

「他說現在的他，已經不相信自己可以好好談戀愛了。」羽心轉述男方的話：「他上一段感情是前陣子才結束的，女友說不愛了提分手，沒想到竟然是去跟前男友復合，而且還馬上步入禮堂。他打擊很大，覺得自己根本是被劈腿，就是在糟透了的情況下，他才沉迷於網路交友，也才認識了我。」

男方跟羽心說，很開心認識她，也謝謝她陪伴了這段時間。只是現在的他沒有能力給承諾，只能跟羽心當朋友，如果羽心遇到更適合的對象，他也祝福她。

「嗯，那你怎麼說？」雖然要跟人搞曖昧，又不肯進入關係，事前也沒講清楚，已經是值得商榷的品格。但至少在最後一刻誠實，也還算是負責。

「我說我會等他。」羽心倔強地說道：「我會等他慢慢好起來。憑什麼兩個人互相喜歡，卻不能在一起？但他的回答卻讓我很受傷：他說你值得更好的人。我不明白為什麼要講這種話，如果他真的喜歡我，不是應該要快點好起來，然後跟我好好在一起嗎？」

羽心又難過地啜泣起來。我握著電話，心裡很同情，卻想告訴她一件事：傻傻等待受傷的人，換到奇蹟的機會比登天還難。

**當他說不想在一起：別等他回頭，要跑給他追**

談戀愛是忌諱帶著傷口進入感情的。但話又說回來，那些因為傷口而不敢談戀愛，卻還要招惹別人的人，也是十足讓人困擾。

我不會一口咬定他們是故意玩弄感情。有傷口的人多半很寂寞，內心也渴望溫暖，只是點了火又玩不起，只好馬上把對方推開。被推開的人痛苦，當事人也不會好受，甚至心底覺得自己是配不上愛情的人，只能不斷在愛情中受傷和傷人，更加不敢進入一段關係。

但是那些被點了火又被推開的對象，又該怎麼辦？

第一個選擇是等待。等待當然不是不行，卻是最沒有效的方法，甚至還可能會慣壞對方。如果一個人不用療傷、不用走出來，身邊還是有人不離不棄地陪伴，那他痊癒幹嘛？對人性來說，不用負責任、不用給承諾、卻又能享盡甜頭的關係是很舒服的（而且等待的那方，通常會因為不希望對方走，處於逆來順受的地位，在關係中自尊是很低的）。等久了膩了，對方還可以打著自己單身的名義到處再看看，卻不用對你這個「朋友」負責。

而如果最後真的被你「等到」了，往往也不是因為他發現你的好，而是你用青春換到他的罪惡感；或是他四處看看都沒發現更好的，才認命地回頭來跟你在一起。

**因此最好的方法不是在原地等待，而是「跑給他追」。**

當一個人可以說出「你值得更好的人」，其實就代表他還不夠喜歡，至少沒有喜歡到讓他願意克服困難，好好把握住眼前的這個人。

在這種情況下，等待的人多半不會被珍惜，只會被當成備胎處理。如果你真的希望有機會得到他，從今天起，就算假裝也好，你要開始練習不在乎這個人。你在遇到他之前是怎麼過，現在就怎麼過，重點只有一個：「不要主動找他，不要讓他覺得你還在等他。」

人都喜歡追逐跑在眼前的東西，當他只看得見你的背影，才會發現你已經從指縫間溜走。如果他還在乎，就會用最快的時間追上，才不會有「還沒準備好」這種事。

如果他不在乎，你也已經大步往前。就算他沒追上，你也早已配得上更好的人。

# 跟前任復合，到底行不行？

你曾經想過要復合嗎？

不管是不是自願分手，戀人們的確常常在一刀兩斷後的痛苦期，默默浮起了這個念頭：「如果想復合，到底行不行？」

佩均坐在我對面比手畫腳，解釋她和前男友的關係：前男友已經和她分手，也馬上和新女友在一起，但是自己還是想和他當「好朋友」。前男友的女友目前不知情，但知情後鐵定不開心，身邊的朋友也都建議她最好斷了聯繫。

「這樣的確比較好吧，他都有新女友了，避嫌也是一種尊重。」我勸佩均道：「更何況你們分手沒多久，你也沒有時間好好處理情傷。這時候做朋友，只會讓自己陷溺在過去無法自拔，保持距離是好事，也讓你可以花點時間好好清理自己。」

「這我明白。」佩均一副欲言又止，過了一會兒才悄聲說道：「其實有件事情，聽起來可能很傻，不過我還是想要問一問。雖然是他先愛上別人，也是他主動提分手，但本質上還是個不錯的人。我想他只是一時沖昏頭，反正他們還沒結婚，我也不是沒有機會，對吧？」

我驚訝地看著佩均，她連忙擺擺手對我解釋道：「我不是要去破壞他們感情啦！我只是想，我可以等。只要能繼續當朋友，留在他的生活圈內，說不定未來我們還有可能，你說是不是？」

看著佩均熱切的眼神，我驚訝歸驚訝，卻多少也能明白，剛分手的女孩都還在最痛的傷口上，對「復合」這件事自然會抱著希望，哪怕這個希望只會拖累她療傷。

「緣分這種事很難說，我也不能確定將來誰和誰會走在一起。」我對佩均坦白地說道：「但可以確定的是，抱著『可能復合』的心態做朋友，只會讓你成為對方感情中的備胎。就算他之後找你復合，往往也只是把你當成沒魚蝦也好的替代品罷了——那樣沒品質的『復合』，是你要的嗎？」

## 一顆想「復合」的心，讓你成為愛情中的替代品

雖然我們都不得不同意，緣分的運作很神奇，在事情發生以前，沒有人知道誰和誰才能真正走到最後。但有件事我卻很肯定：抱持著「復合」的心態和前任做朋友，下場多半不會太好——因為你已經自行把「前女友」的身分，降級為「備胎」。

「備胎」是什麼意思呢？人都是有惰性的動物，知道身旁有個「還可以」的前女友在等他，往往會養成惰性和逃避，不會好好珍惜當下的感情。

他不珍惜當下的感情，對你來說是好事嗎？不，長期來說，對任何人都不是好事。你留在他身邊等他，對他來說當然無妨，反正多一個愛他又不用負責的女人，對男人來說沒有損失。

當時間一長，他的感情終將遇到摩擦，然而一個有備胎在等的男人，往往不會煞費苦心地跟對方溝通，而會跑去找備胎訴苦。他會跟你抱怨「不曉得女人在想什麼」，甚至還會曖昧地說「到頭來還是你最懂我」，你成了他們感情的垃圾桶，但只抒發了情緒，問題卻沒有解決。

當他們問題累積太多爆發，終於分手了。這時如果沒有出現更好的選擇，對方往往就會勾勾手指等著你投懷送抱。你以為自己終於熬出頭，復合是他最終明白你的好。但真相是，他被「備胎」慣出了惰性和逃避，才懶得在感情中付出努力——反正最差還有個前女友。

而這樣的人，復合以後當然不可能好好在一起，只要你們感情又出現問題，他的惰性又會讓他尋覓下一段發展，而這些都是被「備胎」養出來的壞習慣。

所以復合不是不行，只是不能期待，甚至要徹底放下期待。

我都會建議想復合的人，當作完全不可能，甚至直接淡出他的生活圈。反正真的是你的，未來緣分要來你也擋不住，何必把石頭繫在自己腳上，拖累自己向前走的速度？

而如果你真的已經這麼做，還是遇到前任來找你復合的難題，我也會建議女生好好確認兩件事：

**一、他是真的有改變，還是嘴巴上說他會改？**

Esther Perel 在 TED 演講〈重新思考不忠〉裡，探討過外遇的議題。

在個案問她「是否該原諒伴侶」時，她說了一句非常精闢的話：「你們的第一段婚姻已經結束了，那麼，你願意跟這個人重新展開第二次婚姻嗎？」

用「第二段婚姻」做比喻，表示已經視對方為「不同的人」。唯有當你們都變得不同，才有「重新開始」的可能。

交往關係也是。過去的你們已經分手了，但復合的時候，你們已經成為更好的人了嗎？原本的問題已經解決了嗎？還是只是因為寂寞，為了復合才勉強戴上「我已經改了」的面具呢？

**二、現在的他，真的知道你的好？**

之前被分手，往往是因為對方覺得「你不夠好」，那麼現在呢？他是真的開始懂得你的好；還是因為跟現任的關係惡化，相較之下才覺得你還不錯？

好好地觀察，不要急躁決定。復合可以是新一段的幸福，也可以是延續舊的不幸。最後你屬於哪一邊，只有張大眼睛才知道了！

# 「倒數第二個男友」的真相

愛情喜劇電影《倒數第二個男友》，演的是倒楣男主角被下了詛咒，讓他無論跟誰在一起都無法修成正果；但跟他交往過的女人，卻每一個都會找到幸福，邁入結婚禮堂。

但現實世界中的「倒數第二個男友」，有時候卻不像電影演的那麼幽默而浪漫。

「我跟你說，不曉得是怎麼回事，每個離開我的女人，最後都很快結婚了。」偉翔跟我聊起他過去幾段感情，自我解嘲地笑道：「其實我心裡還滿祝福她們的，只是很想知道為什麼，難不成我也中了什麼詛咒，變成了『倒數第二個男友』嗎？哇，那我以後都這樣自我介紹好了，保證想跟我交往的女人排到天邊，這輩子都不愁有妹子對我投懷送抱了！」

我白了他一眼來回應他的冷笑話，接著說：「但沒道理啊！如果交往得好好的，她為什麼要離開你，跑去嫁別人呢？」

偉翔收起了笑臉，思索了一下，才勉強開口：「有很多問題啦！」他接著說下去：「比如說最近的那個前女友，我也不是不愛她，但她個性就是有很多問題，而且也一直吵著要結婚。最後一次我跟她說，你如果這麼想結婚就去找一個願意娶你的人好了，不要一直跟我吵。沒想到她真的跟我分手，而且兩個月後，真的就結婚了。」

我皺了皺眉頭，當下覺得事情沒那麼單純，並且從他接下來的描述中拼拼湊湊，才發覺偉翔其實是個「還不想定下來」的男人——他其實只想要「有個伴」，卻沒有想「給承諾」，甚至很享受一邊交往，一邊跟「很好的女性朋友」遊走曖昧邊緣的日子。而他身邊的女友，也常為了他的沒定性而飽受不安全感的折磨，因此更加想要用婚姻綁住他。

「我可沒劈腿哦！」他正色道：「結婚前各自保有交友空間，很正常吧？」

我不置可否地聳聳肩，偉翔又接著說下去：「不過，最近前女友私訊給我，說她結婚以後很不快樂。」他嘆了口氣，一五一十地告訴我細節：「她說雖然老公對她很好，一結婚就把房子啊、車子之類的過戶給她，還要她不必工作，辭職待在家當少奶奶就好。但她跟我說，她其實沒那麼愛她老公，甚至還有點後悔結婚。不過我當下把她罵了一頓，說她人在福中不知福，都結婚了，老公還這麼疼她，她到底還奢求什麼？」

我愣了一下，突然明白偉翔會成為「倒數第二個男友」的原因。我思索著該用什麼詞語讓他明白，過了一會兒才反問道：「所以你真的認為，女人只要能結婚、有人疼，就是幸福了嗎？」

「嗯？不然呢？」這次換偉翔驚訝了：「女人找到一個對她百依百順、把她們當公主寵的男人嫁不就好了嗎？到底還有什麼好不滿足的？」

他接著問道：「而且，這跟我會成為『倒數第二個男友』有關係嗎？」

## 「倒數第二個男友」：衝動的婚姻，來自前段關係留下的傷害

世人常對幸福有奇怪的誤解：認為只要結婚就等於幸福了、有人疼就幸福了。甚至，連女人最後嫁給一個「雖然不喜歡，但是很疼她的人」，都可以算幸福。

不是只有男人這麼認為，女人也有這種誤會，因此在掙脫一段受傷甚深的感情後，往往特別容易被對她很好，也願意娶她的男人吸引。即使對方並不適合、自己沒這麼喜歡也沒關係，上一段關係的創傷會讓她完全忽略這些問題，一下就縱身跳入「終於有人願意給」的婚姻中。

她們沒意識到那是因為在關係中受了傷，才會讓自己決定閃電結婚，有些女人還以為自己真的找到了真愛，直到終於在婚姻中冷靜下來，才漸漸開始感到懊悔。而成為「倒數第二個男友」的男人，卻往往以為對方是離開自己就找到幸福，殊不知正是因為自己，前女友才被推向這些「包裝成幸福」的不幸。

為了避免這種悲劇，我通常會建議剛分手的人，在跳進另一段關係或婚姻之前，多給自己一點時間沉澱前一段關係的傷害，甚至認真思考：**我是真的這麼愛這個新歡，還是要「證明」什麼給舊愛看？**

對於那些老是當別人「倒數第二個男友」的人，也不妨問問自己：我在關係中造成了什麼樣的傷害，才會讓女友總是在離開我之後，就衝動地投入婚姻？

慢慢來，不要因為受傷，就急著投入婚姻的庇護。結婚不能證明什麼，有人嫁也不代表幸福。

倒數第二個男友其實也不是什麼詛咒，而是自己創造的悲劇。

# 你不是有機會，只是被他吃定

小慧說，她跟男友已經分手兩個月了，但兩個人「還是朋友」。

我嗅出她用詞中的蹊蹺，追問道：「那是什麼意思？」

「就是……我們兩個有時候還是會單獨出去。」她吶吶地說道：「上週末他才開車，載我去北海岸玩，一整天下來還滿開心的。即使已經分手了，我平常要找他還是找得到，有時候跟他聊聊、抱怨工作上的事，他也都會聽我說。」

「噢？聽起來感情還不錯啊！那當時到底為什麼會分手啊？」我好奇地追問。

「是他提的，只跟我說感情淡了，當朋友比情人適合。」講到分手的事實，她又瞬間洩氣下來：「我其實沒有辦法接受，但他說已經沒感覺了，要我不要強求。我逼問他是不是有別人，但他堅持說沒有，而我的確也沒發現什麼出軌的證據，所以就這樣了。可是——」

小慧話鋒一轉，哀怨地說道：「可是我覺得，他還會這樣跟我出去玩、跟我單獨吃飯、陪我聊天，應該表示我們還有機會吧？」

「這很難說，你有問過他嗎？」我不想輕率地下定論，於是語帶保留地問道。

「有啊！其實我上次有問。」她出乎意料地告訴我：「我問他，我們現在這樣不是很好嗎？為什麼不能繼續在一起？」

「那他說什麼？」我坐直身體，豎起耳朵等待答案。

「其實我也搞不懂他是什麼意思。他說：我們這樣很好啊！為什麼要在一起？我還繼續追問：所以我們不可能嗎？他回答，暫時沒有這個打算。我真的快被他搞瘋了，『暫時』到底是代表什麼？為什麼他不乾脆說不愛我、也乾脆不理我就好，還要找我出去，陪我聊天，讓我對他還有期待？」

小慧偏頭想了一下，又抬頭看著我，滿懷希望地問道：「還是說，他現在也不是對我完全沒感覺？我們這樣相處看看，努力拉近距離，也許他之後又會回頭跟我在一起了？」

我忍不住失笑，不禁搖了搖頭說道：「親愛的，他的意思已經很明顯了，你不是還有機會，你前男友是真的徹底把你當『朋友』了。」

## 「朋友」不是復合的機會，只是被吃定的證明

我曾經聽過一句話：「當男人不愛你的時候，他可以毫不在意地跟你當朋友；但女人只要曾經愛過，一輩子很難坦率地再跟你聯絡。」

當然，每件事都有例外，也是有男人分手後不想再聯絡，女人分手後可以坦蕩蕩地做朋友。但是絕大多數的男女，都還是在那句名言的守備範圍內。

所以當一個男人想跟你復合時，多半會明確地讓你知道，你才不會不小心又從他手中溜走。但是當他真的能夠做到「約你出來，跟你作伴，但是又說沒打算在一起」時，如果他不是玩咖，就是他已經可以坦蕩蕩地和你做朋友了。

「可是，他聽到我有認識其他男生，還是會覺得不開心耶！」有人這樣問道：「那是不是表示他還在意我？」

親愛的，他當然還是會有點在意，但在意歸在意，也沒有到想跟你復合的程度。如果真的夠在乎，他才不會說：「我們這樣很好啊！為什麼要在一起？」

換個角度想，現在的他，當然不會輕易把你交出去，因為他又還沒有找到其他對象。在前男友眼裡，你這個剛被他分手，又對他放不下的女孩，的確是個不可多得的「朋友」：不需要負責，不用給承諾，自己想出現就出現，想消失就消失，不用交代生活，不用報備行蹤，還不用付出愛。

你還剛好夠了解他，他不用在你面前假裝；你還剛好很喜歡他，甚至捨不得他走，他可以滿足自己被需要的虛榮。

**我曾經給這種關係一個有趣的形容：「一間公司把你開除了，但又招手叫你回來做低薪打工。」**單方面的分手，就像突然被公司炒魷魚，每個人都會震驚莫名，拚命想挽留。而這又正好對了公司的胃，他可以付你少少的打工時薪，還不用給你終身退休保障，之後需要你就找你來，不需要就隨時請你走，你卻以為自己還有機會復職。

感情也是這樣：你以為他還在乎你，實際上只是完全被吃定，才會什麼都不給你，又說我們這樣沒什麼不好。

不需要在這樣的感情中太過留戀。你以為他是舊情難忘，才會跟你當朋友；實際上，一個人是忘得比誰都還徹底，才能繼續跟你當朋友。

## 「吃醋」，是在療癒愛情裡「不夠好」的印記

小麥是我舊案主的朋友，透過介紹來找我諮詢時，處於一段令人痛苦的單戀期。

「我現在算單戀嗎？其實我也不知道算不算耶。」她看起來悶悶不樂，一點也不像正在喜歡一個人的狀態：「他應該也知道我喜歡他，而且就我的觀察，他也沒有不喜歡我，至少我身旁的朋友也這麼認為。」

「但是——？」我接著問道。因為看似樂觀的情況背後，一定有個轉折句。

「我發現他身邊的女生不是只有我一個。」小麥揭開令人沮喪的謎底：「我理智知道，大家都是大人了，也都還單身，交往之前雙方都還有選擇權。而且說真的，他也沒有搞劈腿，雖然和幾個聊得來、有好感的女生比較熱絡，但都是坦蕩蕩地交朋友，並沒有刻意隱瞞。不過，道理歸道理，身為其中的一員，我還是會覺得，嗯——很吃醋。」

她有些尷尬地說著，似乎是覺得一個成熟的大人，不應該使用「吃醋」這個詞一樣，好像小孩在爭寵，一點風度也沒有。

「嗯，我明白，吃醋是女人的天性，十八到八十歲都適用，只是大人沒有表現出來自己有多在乎而已。」我笑著安慰她：「所以呢？你怎麼面對這個狀況？」

「這就是我找你的原因。」小麥嘆了口氣說道：「自從我發現，和他熱絡的女生不只我一個之後，我就開始變得不像自己了。最明顯的是，他敲我的時候，我都會不自覺地絞盡腦汁，想要回覆得很聰明，讓自己看起來很有內涵、很有水準。甚至連聽到不太懂的東西我都不敢直接講，會趕快跑去搜尋，看看那到底是什麼再回他。

「有時候我很認真地回他，但他只回個貼圖，我就會沮喪大半天，想說是不是有其他人表現比我更有趣？而且不知道是不是我的錯覺，他最近好像也沒之前那麼熱絡了，常常都是我主動找話題他才會回，這讓我又更加患得患失，拚命想表現更好的一面給他看。但另一方面，我也快受不了自己這麼病態了，這場戀愛還沒開始就好痛苦，你可以告訴我為什麼會這樣嗎？」小麥絕望地說。

「放心，你絕對不會是唯一一個談戀愛發生這種狀況的女生。」我安慰她，一邊拿出已經準備好的牌卡：「不然你先為我抽張牌，我們來看看自己為什麼會這麼在意這段感情吧！」

小麥點點頭，小心翼翼地抽出了一張牌卡遞給我。我凝神細看上面的圖像，接著對她說：「你知道嗎？嫉妒心其實是表象。真正的源頭，是我們內心有一個『害怕自己不夠好』的印記。」

**任何嫉妒，都是來自於「害怕不夠好」的印記**

當愛情裡出現競爭者時，我們的確很容易觸發「覺得自己不夠好」的深層恐懼。

這時候，戀愛中的女人會開始手足無措，怕自己笑得太開心太醜、不夠開心又讓對方掃興；怕回答太笨會讓對方看不起、回答太聰明會壓過男人；連衣服都開始不曉得怎麼穿了，穿得太樸素怕不夠亮眼、認真打扮又顯得太過刻意。

她們以為自己是因為「喜歡」才這麼患得患失，但實際上，「害怕」才是讓人失去平常心的真正原因。在她們眼中，愛人對自己的價值有權威級的決定性，因此寧可失去自我，也要去揣摩、去迎合對方的口味，好贏得對方的「好評價」。

然而，這樣的「愛」卻非常不自然，而且在你盡可能地取悅他的同時，他也必然會覺得，為何這個人相處起來變得越來越不舒適。因為當你患得患失的時候，你在意的也已經不是「他」這個人了：你只在意他有沒有繼續給你愛、給你回饋、給你關注，以及最重要的，有沒有填補你害怕自己不夠好的恐懼。

**你並不是真的花心思在和「他」相處愉快上，而是變得想從他身上得到「自己夠好」的證明。**

親愛的女孩，當你發現自己有吃醋與較勁的心時，我相信你是真的很喜歡他，也是真的很想跟他在一起。但是愛一個人，不是拚命地博取關注就好，而是要像照鏡子一樣，透過這份吃醋的情緒，端詳自己那份「很害怕自己不夠好」的感受。

你不需要再揣摩對方到底喜歡什麼，而是勇敢地、真心地打開心胸，去認識與理解這個人，再用屬於你的方式和他相處。最後他喜歡上你也好、不喜歡也罷，你還是你自己，同時也療癒了那份「不夠好」的印記——因為這次你沒有背叛自己，而是不管他喜不喜歡，你都選擇忠於你原本的樣子。

## 內心孤單的人，會眷戀前任的身影

忘不了前任的原因很多，有人是恨著、有人是還愛著。但我認為，千變萬變總脫離不了「自己」——因為當對方已經不在身邊了，連音訊也斷了，卻還如幽魂般在心頭擺盪，原因通常是自己不放過自己居多。

夢筑說她現在單身，而且距離分手已經兩年多了，卻還是忘不了前男友。

「我沒有想要挽回啦。」她神色落寞地說道：「一開始的確有這個念頭，覺得相愛不容易，為什麼為了小事就要分手？我們可以慢慢調整啊！但後來我想通了，那些都不是理由，不愛了才是。而且仔細想想，我們的確也沒那麼適合。」

到目前為止都還算合理，我很好奇是什麼事情讓她卡住。她接著說：「可是即使已經不聯絡了，臉書、IG、Line也都刪了，眼不見為淨。但不知道為什麼，心裡卻還是一直很想他。」

夢筑說一直到最近，她在工作上犯錯受了委屈，躲在廁所裡默默掉眼淚時，心裡都還會不由自主地想著：如果他在就好了，至少他會聽我訴苦。

回家累得像條狗，想找人說說話，摸摸自己頭的時候，她也會看著床空著的另一邊悲傷地想著：如果他還在就好了，至少有個人陪。

很冷的冬天，她在深夜裡孤單地走在街上，邊發抖心裡又覺得害怕的時候，也會忍不住在心裡默默流著淚：如果他還在就好了，至少他會送我安全回家。

「為什麼我會一直思念一個不適合的人呢？」她難過地說道：「我有時候懷疑自己是不是瘋了，理智知道我們分手比較好，但還是不由自主地一直想他。這樣下去只會越來越寂寞，根本走不出來，也認識不了新的人，我到底該怎麼辦才好？」

我聽了嘆了口氣，心裡也覺得同情。在這個寂寞的年代，走進一個人的心已經不容易，放一個人出來又更加困難。於是人走了，身影卻留下來，在每顆好不容易打開一點的心裡晃晃蕩蕩，像鬼魅、像幽魂，在脆弱的時候攫住人，痛不欲生，也無力抵抗。

「我明白你的感受，也不要太責怪自己。」我安慰她：「其實你現在放不下的不是前任，而是眷戀過去曾擁有的溫暖。」

## 眷戀溫暖是人類的本能，但放不下眷戀則始於孤單

有時候我很懷疑，高度發展的社會到底帶給人什麼？人口過剩帶來激烈的競爭、人們搶著捍衛自己的地盤、彼此缺乏信任與互助。表面上看似繁華富裕了，但人與人之間，卻進入前所未有的低溫與疏離。

人是渴望情感連結的動物，但如今我們和他人的交流，多半只剩下客套和八卦。和早期的社會比起來，真正的溫情已經消失了。當空虛的心靈終於找到一點可貴的親密與溫度，也往往不是從家裡、不是在朋友間、不是在每天相處十小時的同事間，而是從伴侶身上——甚至也只能單單從伴侶身上獲得。因此即使這個人和你常常起衝突、個性和價值觀也天差地遠，甚至最後分了手，卻還是會讓人在午夜夢迴裡依依不捨地想起，那個曾經陪伴你、給你溫暖的身影。

**我總是對這樣的人說：「內心孤單的人，很容易眷戀前任的身影。」**

現況惡劣的時候，習慣性地召喚他的影子來尋求安慰；被上司刁難的時候，想著他的身影在心裡默默安撫自己；一個人覺得孤單寂寞的時候，沒什麼別的好想，下意識地又拿他說過的話來回味。但一開始覺得溫暖，之後只會更加悲傷，而惡性循環就是這樣造成的——越是寂寞，越是想回味；越是回味，又越是悲傷，永遠走不出來。

我會鼓勵這樣陷入輪迴的女孩，與其問怎麼把對方忘掉，不如檢視自己的生活各層面有多麼不快樂。

你的人際關係還好嗎？平常有真正熱中的事情嗎？工作是你喜歡的事，還是每天混日子的一份差事？你有真正的朋友嗎？還是只是會出來吃個飯打個卡，各自抱怨完工作和男友就沒話聊的泛泛之交？

其實你想念的不是他，是人際關係的溫度，是對生活感受的溫度。生活的冰冷會導致孤單，而孤單會導致眷戀。忘掉前任的特效藥是：「開始好好過日子」。挑揀掉那些讓你不快樂的事，別讓它們再侵蝕你，才有機會讓人走進來，心靈有了陽氣，那像鬼魅一樣遊蕩的身影自然會漸漸散去。

## 失戀急性期：當感性還追不上理性

因為失戀來療傷的人，大多是自己找上門的。米米算是個例外，她是被好姊妹「轉介」來的。

「我已經勸她勸到詞窮了，交棒給你吧。」米米的朋友對我前情提要：「她男友在外面交了新女友，搞到小三上門逼宮。本來她還希望他回頭，沒想到那個渣男竟然選了小三，隔天就東西收拾好搬離了家裡。」

米米受到嚴重打擊，連續好幾天都沒進公司，每天以淚洗面，躺在床上盯著兩人的合照發愣。「我那幾天去看她，都叫她想開一點，那種爛人不要也罷。我說老天是給你一個機會，讓你發現這個人根本不愛你，你要開心不是難過。但她還是聽不進去，我就生氣地說，天底下過得比你慘的人多得是，吃不飽穿不暖，你就不能想想他們，知道自己已經很幸福了嗎？」

「結果有用嗎？」我問道。

「沒有，她只叫我安靜一點。」朋友憤憤不平地說道：「說我不能體會她的痛苦。奇怪了，天底下只有她失戀過嗎？我是沒談過戀愛啦，但才不會像她那樣，為渣男哭哭啼啼。總之，我請她明天來找你，她也說好。就交給你了，看換個人說會不會清醒一點。」

隔天米米來了，看起來有些憔悴，而且不大主動開口。「我聽你的好姊妹說了，她說希望我陪你聊聊，她好像很擔心你。」我先溫和地打破沉默。

米米看了看我，深深地嘆了口氣：「我知道她是為我好，可是我實在不喜歡她的『安慰』。」她不滿地說道：「昨晚我又被她氣到，因為她又丟了一篇文章給我，標題叫什麼〈關於失戀的八個正向思考〉，還說我就是太悲觀，才會一直走不出來。我當下差點理智斷線，但又知道她是好意，所以忍著不發作。」

「真的，我同意。」我點了點頭：「這種話真的很刺耳，我能夠體會你的心情。」

「真的嗎？」米米抬起頭，眼睛露出些許驚訝：「我以為你會罵我，說我不夠振作，要教我努力站起來。其實我也知道他是渣男，該離開，該想開，但我就是沒辦法嘛！」

「失戀的時候一定是這樣啊！」我安慰米米道：「其實我之前失戀的時候也是慘不忍睹。上班忍了一整天，下班後踏出公司，左右看看沒有認識的人，才馬上戴起口罩開始大哭，還一路哭到坐捷運呢。」

「真的?!」她睜大眼睛：「可是我看你的文章都很理性啊，以為你分手一定都很豁達，只要是不適合的人，馬上就可以甩開，大步地往前走。」

「這是哪來的誤會啊！」我噗哧一聲大笑：「剛失戀的時候，根本失去正常生活功能，甚至明知道對方很糟，卻還傻傻地希望明天一覺起來，發現這一切只是作夢，他還是那個最疼我的男友。要說到振作，是很久以後的事了。」

米米聽了也大笑起來，這才敞開心胸，跟我坦白許多失戀後的心情，邊說邊笑，有時候又掉了一些眼淚，但神情放鬆了許多。

晚上，米米的朋友來敲我：「她說今天好多了！你到底對她說了什麼？」她非常好奇地問道：「我努力了好幾天都沒有用的事，你是怎麼做到的？」

## 失戀急性期：感性需要一點時間，才追得上理性

失戀的人會鬼打牆，這是必然的過程。人們一時三刻還想不開，不是因為不夠理性，而是感性的腳步還追不上。

很多人都有這樣的經驗：分手的時候，心裡明知這個結果比較好，感性上卻無法承認，還掙扎在原地打滾。因為理性是非黑即白、馬上就能切換的開關；感性卻是漸層的光譜，需要慢慢轉換。

在感性無法前進的時候，強迫灌輸「正面思考」是沒有用的，只會造成兩股力量的拉扯，甚至引起更大的撕裂傷。就算感性被理性暫時壓抑了，表面上好像振作了起來，傷口卻是被埋得很深，深到很久都好不了。

**因此我們要做的，其實不是強迫對方「理性」，而是要慢慢地陪「感性」走一段路。**

只要理性沒問題，感性需要時間是可以接受的。抱抱流淚的她、陪她喝杯輕鬆的下午茶，分享一段自己類似的遭遇，其實它的療癒效果，會遠遠勝過一句「你要振作起來」。

感性是很奇妙的東西，強迫它的時候只會僵持不下；但一旦被理解、被看見，它就會慢慢開始鬆動，一步步地往前進。多一點耐心，讓感性去跟理性會合，才是陪伴失戀者最溫柔的步調。

PART

2

# 感情中不只兩個人

# 巧合，一定是真愛？

你相信姻緣注定嗎？如果有一個人跟你的相遇，必須通過種種巧合，你會更相信這一定是老天的安排嗎？

小青和這個男人，就是在一連串的陰錯陽差下相遇的。

「我到現在還是相信，這一切都是注定好的。」講起這段往事，她還是帶著一股倔強：「不然不可能這麼巧，我當天臨時買的車票耶，怎麼會剛好隔壁就坐著他？」

小青口中的那個男人，是她一次回南部老家的途中邂逅的。她事先買的票忘在家裡，只好臨時買了一張新的。「我那時候上車，看到座位上有一個男的，就跟他說不好意思，先生你坐到我的位子了。他馬上起身道歉，把位子還給我。原來他的座位靠走道，但因為喜歡靠車窗看風景，我的座位又剛好沒人，他才暫時換了過來。」

小青看男子扛了一個大背包，一時好奇問他要去哪。男子把背包用力抬起放在行李架上，對她露齒一笑：「台南，你呢？」「呃，我，我也是台南。」一瞬間被男子的笑容電到，小青連忙接著下一句以掩飾尷尬：「我老家在台南。」

「哦！這麼巧啊！」男子笑著，在她身旁坐了下來，開始你一言我一語地聊了起來。小青才知道，原來男子是辭職旅行的背包客，接下來打算在台南待上兩天一夜。「我是土生土長的台南人，馬上就跟他介紹台南的巷弄美食，還告訴他一定要去什麼地方，才不會跟觀光客擠。他也很開心，跟我聊起很多旅途中的見聞，我們還交換了臉書，然後一看對方資料，竟然跟我是同一所大學畢業的，你說巧不巧？」

小青發現的巧合還不只如此，她看到男子是天秤座，心中又一驚：「我歷任男友都是天秤啊！這個星座根本就是我的菜，你說這不是緣分，什麼才是緣分？」

那次之後，她心心念念的就是這個「巧合男」，不但熱絡地保持聯繫，他回台北那天，小青還特地去車站接他。在她的主動下，他們頻繁見了幾次面，兩週後還去旅館開了房間，就像是所有熱戀期的情侶一樣。正當小青滿心歡喜地認為找到幸福時，某天她接到一封訊息，對方自稱是男子的女友，她才赫然發現——原來自己竟然變成別人的第三者。

「就渣男啊！快分手啦，你還在猶豫什麼？」不只小青的朋友齊聲勸退，連我都忍不住問道：「他都說不會和女友分手了，你還不離開？到底在想什麼？」

「我知道我是小三，但難道我們就沒機會修成正果嗎？」小青淚眼汪汪地說道：「我們相遇是天注定的，一定有它的意義——也許只要我等久一點，他就會發現我才是真愛了吧？我怎麼能對得來不易的緣分放手呢？」

**巧合相遇，一定是真愛嗎？**

「有緣千里來相會」，這句話聽起來似乎很浪漫。但你知道嗎？那個「緣」有時候並不一定是正緣，還有可能是孽緣。

我們心底多多少少都渴望著奇蹟，相信真的有那麼一個人，在因緣聚合的時候來和我們相遇，於是有「轉角遇到愛」、「驀然回首，那人卻在燈火闌珊處」的愛情遐想。如果我們和某人的相遇，恰好鍍了一層「巧合」的金，那麼心中更會不由自主地浮想聯翩——一定就是「他」了吧？不然怎麼這麼巧，中間如果有一個步驟出了差錯，我們就不會相遇了呢！

然而，那層「鍍金」卻會掩蓋住很多理智：也許你根本還不了解他，就以為彼此一定契合；或你根本不確定他是否單身，就一股腦兒地向他湊近；你以為只要堅持下去遲早就會在一起，因為你們的緣分是老天蓋章保證，以至於現實都開始打我們臉了，我們卻還醒不過來。

**我曾經這樣略帶玩笑地形容緣分：「來報恩的不一定快，但來討債的鐵定追得最緊。」**

如果你相信因緣，那就要信全套。會透過各種神奇巧合遇上你的人，不見得是來報恩和圓滿正緣的，還有可能是來討債、來傷害你的——他的緣分可是挾持著「無論如何都要逮到你」的氣勢，你逃都來不及，還巴望著在他身邊待越久越好？

當然，我們也必須承認：在相遇開始前，誰都很難分辨正緣和孽緣。只是當事情發展漸漸不妙的時候，千萬不要一個勁兒地抓著「巧合」不放，認為機率能為你們的幸福背書，對方一定是你等待已久的真命天子——因為也有另一個可能是，他只不過是被巧合送來「討債」的緣分罷了！

# 我們不是因為不愛才分手

燕鈺是我朋友的朋友。當時朋友會勸她來找我，是因為覺得燕鈺已經「回天乏術」，所以建議她來找我聊聊。

「我們都已經放棄她了。」朋友搖搖頭跟我說：「她每次講到那個男的都只會哭，說他們又不是因為不愛，只是被命運作弄……算了，到時候你就會知道，我先不說了。」

見到燕鈺的那一刻，我心中浮起一句話：「女人的幸福是會寫在臉上的。」尤其從事心靈諮詢工作久了，直覺會變得很敏銳。一個感情不幸的女人，渾身上下散發出來的磁場，會讓連坐在旁邊的人都跟著渾身僵硬起來，即使當事人再怎麼樣裝出親切溫柔的笑容都沒有用。

「嗨，你朋友說你感情不太順利啊？」我打了招呼，一邊靜靜調整了幾下呼吸，讓自己從糾結的磁場抽離開來。

「對啊，他們只會一直勸我分手。」她欲言又止，眼睛眨了幾下，還沒說就開始泛淚：「但是我根本離不開他，我也知道這樣不對，但是真的沒有辦法。」

燕鈺一邊擦著眼淚，一邊委屈地訴說自己的情史，我才從她的話中拼湊起整個脈絡：她是在工作場合認識現在這個男生，兩個人當時打得火熱，幾乎是半個月就迅速在一起了。然而交往沒多久，男友就接到前女友的消息，說發現懷孕了。他當下雖然晴天霹靂，但是為了負起責任，還是跟燕鈺分手，回去跟前女友閃電結婚。

「聽起來好悲劇。」我不可思議地搖搖頭：「那後來呢？分手以後你們還有聯絡？」

「其實……他結婚後沒多久，又傳訊息來找我了。」她拿起衛生紙擦著眼淚，一邊說道：「他說覺得對我很愧疚，想約我出來聊聊，看我好不好。結果一見了面，他就哭著說他真的很想我，很對不起我。他老婆懷孕後脾氣很暴躁，對他後來跟我交往的事也耿耿於懷，動不動就找他翻舊帳，甚至常常不讓他進房間睡。他問我能不能回到他身邊，他雖然不能給我什麼，但是保證這輩子只愛我一個人，對老婆只剩下責任，要我不能丟下他不管……」

我心中浮起一股不好的預感：「所以他意思是，他不會離婚，但要你當小三？你接受了？」

「不然我有什麼辦法？他結婚是因為他負責任啊！」她幾乎是崩潰地對我說：「我們又不是因為不愛才分手的！為什麼不能在一起？明明該結婚的是我們啊！」

好一句「我們又不是因為不愛才分手！」我聽到當下腦袋一片空白，幾乎要被她說服了，卻隱隱約約覺得哪裡不對勁。

我慢慢思索著，好不容易等燕鈺整理好情緒，才緩緩對她說道：「我同意你說的，你們不是因為不愛才分手。」

我嘆了一口氣，繼續解釋道：「但你們繼續在一起，也不能說是因為愛，而是因為軟弱才分不開。」

**有些關係看起來是愛情，事實上是軟弱**

「我們不是因為不愛才分手」，對很多人來說，的確是鏗鏘有力的理由，支持自己在錯誤的關係裡不斷跳針。

那些「錯誤的關係」，常常是劈腿、婚外情、不倫戀。而對方無法分手跟你在一起的理由，往往又冠冕堂皇地讓人沉默，例如：「她畢竟是我太太，我對她有責任」、「我不想讓孩子這麼小就沒有爸爸」、「她都懷孕了，我必須負責」。先把「責任感」這樣的金字招牌拿出來後，再左一句「我對你才是愛情」、右一句「我們之間的愛超越婚姻和承諾」，安慰的話就成了止痛藥，在無法痊癒的傷口上麻醉著自己的邏輯。

然而，這樣真的是「負責任」嗎？恐怕不盡然如此。說自己要「負責」的人，往往都是太愛面子，不想在社會或心理上背負「負心漢」的名聲，才會明明不愛了，還硬是把婚結下去（負責任有很多種方法，不一定非得靠結婚不可）；但他除了要面子還要裡子，所以才會在滿足了「負責任」的面子後，又不甘寂寞地找你填補他的裡子，搞得正宮和小三都為他一個人飽受煎熬，他還一副天底下最委屈的就是自己，這就是一種「軟弱」。

而會陷入這樣關係的女人，其實也是另一種「軟弱」：因為軟弱而捨不得分開，因為軟弱而告訴自己，這一切都只是因為他的「責任感」，不是因為「不愛」。事實上，如果他真的那麼愛，就會選擇你，而不是狠心讓你當小三；不會一手緊抓「負責任」的招牌，一手抓著你說「你才是我的真愛」。

「我們不是因為不愛才分手」的確是悲劇，但是悲劇歸悲劇，人一旦選擇了某一方，就不能想著要全拿。**全拿是一種自私，你信以為真這樣的感情是愛情，實際上只是一種軟弱而已。**

# 愛情寄生症：因為怕麻煩，所以才愛你

冬天的某個晚上，我到酒吧等附近的朋友下班。

跟老闆要了菜單之後，一對情侶進來了，很熟練地自己拉了椅子坐下，跟老闆點了披薩和啤酒，一邊繼續剛剛的打情罵俏。從他們的裝扮來看，似乎也是附近的上班族，下了班約在附近的酒館，打算共度兩人時光的樣子。

大概半個多小時以後，門鈴叮噹一聲，朋友推門而入。我對她招了幾下手，她朝我這邊望來，目光卻在我隔壁桌停住。

「呃……」朋友神色顯得有些尷尬，一邊往我這邊走來，一邊向那對情侶打招呼：「哈囉，你們也在這裡啊？」

情侶見到我朋友忽然出現，表情也頓時有點僵住，但男方馬上故作鎮定地答道：「對啊，來這邊吃晚餐。你跟人有約啊？」

「嗯嗯，我跟朋友約這邊碰個面。」她指了指我，來到我旁邊拉開座椅，刻意選了背對他們的位置坐下。

「你認識那桌客人啊？」我問，眼角餘光卻瞄到那對情侶開始匆忙地收東西，男的走向櫃台結帳，女的則神色慌張。

「嗯，同事，但不同部門。」朋友壓低聲音說道，「等等再跟你說。」

等到那對情侶一前一後離開酒吧，朋友才輕聲地對我說道：「那兩個都是我們公司的，不過，女的已經結婚有小孩了，男的還單身。他們兩個是婚外情，大家私底下都知道。」

「噢……」我尷尬地吐了吐舌頭，雖然外遇是別人家的事，但不小心撞見幽會現場還是不免吃驚：「這麼明目張膽，都沒被發現？」

「聽說是沒有，不過誰知道？」朋友一邊翻著菜單，一邊聳了聳肩：「不過那個男同事品味很奇妙，好像特別喜歡招惹有夫之婦。聽說在遇到這個女的之前，還跟其他快結婚的女生搞過曖昧。他明明條件不錯，也有單身的女生追他，但好像都提不起勁，這就是所謂『別人的老婆比較好』的心態嗎？」

朋友說著說著聊起了勁，繼續接了下去：「還有件事情更離奇，我們都想，如果他是真的愛那個女的，應該希望對方離婚跟他在一起吧？但聽說他又不承認，說自己沒有要破壞別人家庭，只希望她快樂，好像只要能夠這樣牽牽小手、搞搞曖昧就好了，你不覺得這樣很奇怪嗎？」

「對他們來說不會啦！」我端起剛上桌的奶酒，一邊回答道：「他們這種人最怕的就是麻煩。只想沾一口別人碗裡的蜜來嚐嚐，沒有要吃正餐的意思——你真的要端正餐給他們吃，他反而會嚇跑呢。」

## 不用自己去冒險打獵，責任也是別人在擔

有些人會誤以為，如果對方有家庭，或有其他交往對象，當事人依然不離不棄地守在身邊，搞搞小曖昧就好，這應該就是真愛了吧？可是實際上，這很可能只是罹患了「愛情寄生症」罷了。

這年頭要談個戀愛，其實是很麻煩的。一個正式伴侶的要求可能多如牛毛，要花時間陪她、要花心思懂她、要隨時找得到人、要跟異性避嫌、過節要懂得表現、時不時還要解決衝突、安撫對方的無理取鬧；這些都做到了，還要擔心日久生厭，得維持自己在好狀態；真的要談分手，那又是另一番折

騰。婚姻就更不用說了，再加上有小孩，對很多人來說更像一座活生生的牢籠。

於是對於偶爾嘴饞，卻又不想負責、也不具備玩咖條件的人來說，有夫之婦就是個好選擇——不求吃飽，只要餓的時候嘗一口別人碗裡的食物，填個肚子就夠了。不用自己去冒險打獵，婚姻裡的責任也都是別人在擔。

**你覺得「愛情寄生症」患者苦，其實他們在這段感情中根本樂得輕鬆。**

他們不用付出任何承諾、也不用浪費精力在磨合，因為承諾和磨合不屬於露水姻緣；他們不必扛太多責任與要求，因為婚外情的對象往往自知理虧，而且對方的出現，已經為婚姻的牢籠開了一扇窗，他們只求能在一起就好，不敢再過分要求。而「愛情寄生症」患者，往往也在其中感受到拯救者的光榮，甚至沉溺於沾沾自喜的情緒裡。

暫時先放下婚外情的法律與道德批判，愛情寄生症，到底算不算得上是愛呢？如果一段感情之所以美好，是因為生活的責任都有對方的伴侶扛、照顧家庭時間都是對方的伴侶在花、解決問題造成的磨損都是對方的伴侶在承擔，自己無論如何都贏在只賺不賠的起跑點上——

那麼被這樣的人愛著，是愛嗎？
愛著這樣的人，是愛嗎？
因為怕麻煩，所以才愛你——這樣的愛，是愛嗎？

# 男人真的可以愛著她，卻又跟別人上床？

江湖上盛傳一句話：「男人可以性愛分離，純粹跟別人上床，但心底深處還愛著你。」

真有這回事嗎？至少，美婷一開始是這麼相信的。

「我男友說，自己其實不愛那個女生。」她喝了一口苦澀的茶，對我說：「只是跟我冷戰的那個月，他心情不好又太寂寞，剛好又有女生自動送上門來，所以……」

「所以？」我明知道答案，卻還是順著她的話問下去。

「唉，結論就是，我男友在我們冷戰期間帶其他女生回家，還跟她發生過幾次關係。事後我發現這件事，氣得想直接分手，他卻跟我再三保證，自己根本不愛那個女的，他愛的是我，跟她只有肉體關係，一點都沒有真感情。我看在他苦苦哀求的分上，又想到別人說過男人可以『性愛分離』，或許是真的吧，就暫時先原諒他了。」

「噢。」我聳聳肩，暫時先不表達看法，繼續問道：「然後呢？」

「然後……該怎麼說呢？其實我不太確定和好是不是對的。」她沮喪地放下茶杯：「復合之後，我們關係沒有好轉，反而更加惡化。坦白說，就算他沒和別人上床，我們的感情本來就已經在走下坡了，總是沒聊兩句就起衝突，連冷戰都可以長達一個禮拜以上，那次會讓人趁虛而入的吵架，就是其中之一。現在我心中有了疙瘩，對他更加不信任，吵架也吵得更厲害。但坦白說，我是滿心軟的人，即使每次考慮分手，但只要想到他還愛著我，我就不會輕易放棄，願意再努力看看。」

美婷思索了一下，又繼續開口說道：「只是現在，我已經不太確定自己到底對不對了。每次只要想到他曾經跟別的女生上床，我就氣到覺得還是分手算了；但同時又想著，既然他都親口說只愛我了，我是不是就該相信他，然後放下這件事？也許男人真的可以性愛分離，是我自己少見多怪？」

她看著我，像是想要尋求同意似的苦苦追問：「你覺得呢？有沒有可能我男友真的很愛我，但同時又去跟別人發生肉體關係？」

「嗯，這個嘛……」我看著美婷，有些不忍地說出心裡話：「我明白你很希望他還愛你，但是，當一個人說自己可以『性愛分離』的時候，你們之間的『愛』早就不存在了。」

## 當性愛可以分離，代表愛情早已離去

很多人都這麼相信：男人是可以性愛分離的動物，女人則是性愛合一的動物。所以男人可以心裡愛著別人，但是跟其他人上床；女人卻只能跟自己愛的人發生關係。

這樣的說法，其實是一種誤解。造成這種現象的原因，是在心裡通通沒有愛的情況下，男人的確可以因為生理需求，跟完全不愛的人上床；但女人卻是依靠心理主導行為的動物，很難對完全不愛的人有生理反應，因此才會造成男人可以「性愛分離」的誤解。

**但真相是：不管是男是女，當你真正愛著一個人的時候，性愛都是無法分離的。**

當一個男人宣稱自己可以性愛分離時，表示他心裡只有「性」，而根本沒有「愛」了。你已經不是他的「愛人」，頂多只是「比較不想失去」的人而已。

但不想失去，也不代表是愛。口口聲聲地挽留，往往只是因為在一起久了、已經習慣有人陪了、覺得分手還要再找一個很麻煩；又或是兩相比較之下，你還是比那個床伴適合他，所以才會苦苦哀求，信誓旦旦地保證自己性愛可以分離，而他「愛」的只有你。

但是別誤會了，那根本已經不是愛。

無論是男是女，只要愛上了，就沒人能夠毫無罣礙地跟誰上床。所以如果你只是擔心，他會不會睡了別人但其實還是只愛你，這點你可以放一百二十個心——

當一個人能說出自己「性愛分離」的時候，本身就是他已經「不愛了」的證明。

## 小三要的不是愛，是贏過正宮的快感

有段時間不知道為什麼，好像大半個台北市的小三都來找我了。

這當然只是玩笑話，然而當紫櫻也像其他來找我的小三一樣，吞吞吐吐地說出「我男友是有婦之夫」時，讓我頓時不禁感嘆：「這年頭到底有多少看似和諧的家庭，實際上是真的圓滿的？」

「你放心。」每次見到對方坐立難安，我都會先柔聲安慰：「從靈性的角度來看，事情往往沒有絕對的對錯。小三雖然是一種不健康的感情狀態，而且法律上是有責任的，但我從不認為會出軌的就是壞人——相反的，每個人身上都有這樣的因子，只是有沒有被天時地利人和誘發罷了。」

見我沒有劈頭就指責她的行為，紫櫻才鬆了一口氣，悲傷地說：「可以的話，我也不想當小三啊！只是每次想要好好做個了斷，卻怎麼樣也走不了。他只要一求我說不想分開，我就會心軟，明知道介入別人家庭不對，但拉拉扯扯一陣子後又復合了。」

她糾結地說道：「其實你的文章我看了很多，其中一句『離開也是一種愛』，讓我感觸很深。理智上我知道，這樣下去我們沒有未來，還有如果東窗事發，別人會用什麼眼光看我？我都很清楚，但就是離不開，該怎麼辦？」

「我知道了。」我點點頭表示明白：「那你更之前談的戀愛呢？是跟怎麼樣的對象？後來怎麼結束的呢？」

「噢……」聽我問起前段感情，紫櫻更加洩氣地搖了搖頭：「那個啊，我也不能確定算不算真正的戀愛。交往時他從來沒打算一對一跟我定下來，總是被我發現他跟哪個妹有曖昧，跟哪個暗戀他的女生出去，而且還不避諱讓我知道，他好像很喜歡看女生為他爭風吃醋。這樣前前後後拖了四五年，最後從朋友那得知他要結婚了，新娘卻不是我，我才發現自己從來都不是他『正式』的女友。」

「聽起來也太悲劇了吧。」我皺著眉頭說。

「對啊，後來分手過了半年，我就遇到現在這個男人。」紫櫻的語氣充滿了憂鬱與感傷：「一開始我就知道他有老婆，但他殷勤地追求我，還說他跟老婆只剩下責任，對我才是真感情。我跟前任分手之後，對愛情已經心灰意冷，只求當下能快樂就好，因此很快就陷了下去。等我想回頭的時候，已經抽不了身了。」

紫櫻絕望地說：「身邊的人都問我，你明明被劈腿傷害過，為什麼還能去當人家的第三者？我都只能無奈地回答，就是愛到了，沒辦法。」

「不，很多人都以為，『愛到了』是唯一的理由。」我搖搖頭說道：「可是很多時候，愛並不是離不開的原因。真正的原因，其實另有其他。」

## 你要的不是愛情，而是贏過正宮的快感

有時候，我們在一段錯誤的感情中離不開，最大的原因不是因為愛情，而是這段感情「補償」了我們某些受損的東西，例如：「自尊心」。

很多人會誤以為，小三是個地位很低的角色，沒名沒分，怎麼能得到自尊？其實從另一個角度來看，在感情中被踐踏過、不被珍惜的女孩，卻會在當小三的過程中得到一種補償性的快感：「有男人愛我愛到願意拋家棄子

耶！連他明媒正娶的老婆都比不上我！」「他沒有離婚，只是因為責任——反正我也不相信婚姻了，我要的是更高一級的東西！」

外人往往最不能理解的是，當事人明明在感情中被背叛過，為什麼會在下一段感情中傷害別人的家庭？「補償性的快感」就是原因之一。在已經受創的自尊下，小三拿不到名分沒關係，只要心理地位贏過正宮就好、只要相信自己擁有的是愛情就好。

只是，她們在這段關係中能獲得的，其實是「假性自尊」。短時間內好像真的獲得了滿足，但在午夜夢迴時，心中「我不值得被愛」、「我不配得到真感情」的細碎聲音，又會開始咬齧自己，甚至催促她們去索討更多愛。**等一討到暫時可以安撫自己的東西後，她們會稍微安心一些，直到快感再度消退。在這段關係裡，第三者以為得到了愛情，實際上卻是讓自己陷入更大的自卑。**

我總是勸這樣的女孩，落入走也走不開的三角關係，一定要先意識到自己的狀態，才有辦法解開惡性循環。清楚自己內在的處境後，果斷地提分手，甚至狠一點的直接離去都是有必要的。

因為你值得的絕對不只是這樣——但是陷在這樣的關係裡，你會真的以為自己只配得到這樣。

## 「慢慢淡掉」，是最糟的結束方式

你曾經想用「慢慢淡掉」，來結束和某個人的關係嗎？對於不想撕破臉、捨不得、放不下的人來說，「慢慢淡掉」似乎是個不錯的選擇。但事實真的是這樣嗎？

「我知道跟他應該不可能了，但現在的我真的無法割捨。」依敏沮喪地對我說道。

她說對方一開始就挑明對感情「沒有要認真」、「玩不起不要來」；而她原本也以為自己不會暈船，正好上一段感情剛結束，也貪圖有人作伴慰藉寂寞。沒想到，女人是很容易對親密對象產生情愫的生物，當前一段感情的傷慢慢復原，她赫然發現自己已經在痴痴等待，希望對方哪天能夠「浪子回頭」，最後發現有個女人在旁邊真心守候。

不幸的是，她畢竟沒有等到那一天。當男人發現依敏開始變得黏人，會纏著他問「我到底是你的誰」，還會對他身邊的女人吃醋，就開始慢慢疏遠她，態度也逐漸變得冷漠。男人最後變成對她的訊息經常已讀不回，打電話也找不到人，或只有想要找她上床時才會出現。

「我慢慢醒悟他對我沒那個意思，很多朋友也勸我快點死心，不要在他身上浪費時間。其實我也不是笨蛋，漸漸知道自己沒希望了，但心裡就是放不下。」她無意識地撥了撥劉海，眉頭因為憂鬱而微蹙：「我找不到時機點離開，因為我們除了這件事以外，沒起什麼衝突，兩人在一起時他對我也很好，只要我不跟他吵鬧，不要問禁忌的問題，他還是對我一如既往。

「所以我在想，是不是我就慢慢減少跟他見面的次數，慢慢在心裡放下他就好？這樣比較不會那麼痛，也比較不會讓我們之間的關係撕破臉？」依敏這樣問我。

「其實我不太認為，慢慢淡掉是一種好的結束方式。」我委婉地說：「可以斷掉，就該果決地斷。慢慢不聯絡，不會比較不痛，只會拖得越久、傷得更深而已。」

## 慢慢淡掉，其實是另一種逃避面對

很多時候我們會覺得，畢竟彼此曾經有過一段情，一刀兩斷好像太激烈，何況又不是真的有什麼過節，會認為慢慢淡掉也是一種珍惜的表現。然而實際上，這種處理方式不會真的比較溫柔，反而比較像是被鈍刀慢慢割，每一次好像都沒那麼痛，但是累積久了，傷得卻比一刀兩斷還重。

**「慢慢淡掉」，其實是「不想處理」的同義代名詞**。出發點可能是因為心軟，可能是因為捨不得，或是潛意識還抱著一線希望，才會選擇用這種似是而非的方式前進。以為有在處理，但源頭其實都是「逃避」。

但是「慢慢淡掉」會發生什麼事呢？我們很可能會繼續為他丟過來的「最近好嗎」而心悸，會覺得「吃個飯沒關係」而繼續赴他的約（結果又不小心什麼都做了），在軟弱的時候去找他，因為覺得「也許我們還有可能」，或者在他好像有點改變的時候，心癢難耐地認為「也許他真的改了，我們可以重新開始」。

於是早該處理的關係，就在「慢慢淡掉」的策略下，更加斷不掉。每次一有機會，變冷的心又死灰復燃，直到下一次再度失望。其實慢慢淡掉，本身就是因為猶豫不決，源自於還沒清醒。真的醒的人，根本不需要「慢慢」斷，而是會在下定決心的那一刻，該刪的就刪，該封鎖的就封鎖。等到哪天終於不在乎的時候（請給自己超過半年的時間），再視情況要不要繼續聯絡。

只不過，通常真的醒的人，之後連封鎖都懶得解除，更不會想繼續跟冤親債主聯絡。因此當你心想：「我要跟他慢慢淡掉」的時候，請意識到這件事：自己可能根本還沒醒。

真正的療傷，都要等真正一刀兩斷那一刻才開始。「慢慢斷掉」等於在拖延療傷的起始點，讓自己在載浮載沉中逐漸溺斃。更慘的是，可能偶爾還被打撈上來苟延殘喘幾下，又再度被推入河中。

如果真的想救自己，請一定要明白一件事：「慢慢斷掉」是最糟的結束方式，一刀兩斷，有時候才是真正的溫柔。

# 為什麼人會離不開婚外情？

「人一旦有了婚外情，『戀愛指南針』就會損壞，要花三倍的時間才能修復。」——麗子・凱福特《讓男人追著你跑》

我在書上看到這樣一句話，不只點頭如搗蒜，還恨不得拿螢光筆畫上十遍。在做感情諮詢的經驗裡，婚外情之所以可怕，並不是碰觸了法律和道德底限，而在於它會摧毀人的價值觀。因此很多人即使結束了一段婚外情，之後也很難再重返正常的戀愛。

「別人都以為我單身，一直想介紹對象給我。我也知道婚外情不好，但是我真的離不開他。」伊潔口中的「他」是自己公司的高層主管，據說已經瞞著眾人耳目交往五年多。

她說，對方一開始就坦言不會離婚，但也不願意和她分手，在交往時就保證，會盡可能地好好補償她，讓她除了名分以外什麼都有。

「而他也真的有做到。」伊潔瞄了一眼四周，確定沒有人在偷聽，才壓低聲音對我說：「他每天下班後，都會盡量抽出兩個小時陪我，才回家當他的好爸爸。平常我想要什麼他都會買給我，上次生日的時候，他還請假帶我去沖繩玩三天兩夜，但是對家裡謊稱要出差。」

我點了點頭，默默想著人要出軌還真是防不勝防。

伊潔繼續說道：「而且我脾氣其實很不好，有時候想到自己是第三者覺得委屈，還會對他亂發脾氣。他會很有耐心地哄我，把我當公主一樣捧在手掌心，反倒是我覺得不好意思起來，每次吵一吵也就不了了之。」

她說知道婚外情不對，但又很矛盾地告訴自己這樣沒什麼不好，至少她沒真的去拆散別人家庭。「反正這些年我也看破了，既然男人都會劈腿，與其讓他跟我在一起之後再去偷吃，倒不如我直接當那個第三者，至少我還確定自己是被愛的。」她最後跟我說出這樣似是而非的結論。

「既然這樣，那你來找我的原因是什麼呢？」我忍不住開口問：「如果你覺得這樣沒什麼不好？」

「可是我還是覺得很痛苦啊。」她遲疑了幾秒，終於說出了實話，眼睛裡帶著委屈的淚水：「有時候我也會想，難道一輩子就這樣下去了嗎？我會老，他也會老，但是他有老婆小孩可以陪他一輩子，我卻是孤零零的一個人，等待他施捨我一點時間。但是我放眼望去，真的找不到比他更好的男人了，想離也離不開，難道我真的是小三命嗎？」

「不，造成小三的不是命，而是價值觀。」我搖搖頭解釋：「但是當過第三者的人，的確會比一般人更難談正常的戀愛。這不是什麼詛咒，而是當事人的標準，已經為了適應婚外情遭到毀損了。」

## 婚外情的「好」，不是因為他真的「那麼好」

婚外情的女人，往往到後期會陷入想離離不開、想找又找不到更好的窘境，原因其實有兩個：第一是外遇關係往往給人「好得不正常」的錯覺，第二是「價值觀的毀損」。

在婚外情中，人們會因為虧欠感而對外遇對象百依百順，因此第三者通常過著物質不餘匱乏、情感也受到寵溺的生活。我們常聽第三者說「離開他以後怕遇不到更好的」，從某個角度而言也是實話，因為這種過度縱容的待遇，往往不會在一般的關係中發生，看在第三者眼裡，對方自然「好得不正常」。

另外，第三者為了減輕心理的痛苦，也會開始毀損自己的價值觀。「反正我也不相信婚姻」、「我們的關係不需要靠一張紙」、「只要能待在他身邊就好了」、「當小三至少能確認自己被愛」，每到痛苦的時刻，第三者都必須用種種奇怪的理由，想辦法讓自己好過。久而久之，那些話就成了自己真正的想法，甚至認為「這樣的感受才是真愛」。

因此很多第三者即使想回頭，也會發現自己很難再看上其他人。除了已經習慣「好得不正常」的關係，也因為處在毀損的價值觀裡，難以回歸一對一這種「不夠縱容、不夠刺激、要負太大相處責任」的感情，於是再度陷入「絕對沒有比現在的對象更好的人了」的錯覺之中。

我總是告訴那些等待有人「拯救」自己離開婚外情的女人：**到了價值觀已經毀損的程度，光是期待有另一個人來替換婚外情對象是行不通的。**

唯有忍痛切斷情分，用一段空窗期好好沉澱，梳理自己混亂的價值觀，下一段感情，才有機會重回對等的雙人關係中。否則婚外情不只是法律、道德的問題，它還是讓女人斷送幸福的不歸路。

## 「劈腿」跟專情無關，和他的「逃避指數」有關

有人說，曾經被劈腿過的人，應該更懂得要專情。畢竟曾經被傷害過，怎麼可能也這樣傷害別人？不過，我個人不怎麼同意這個觀點。

「我不敢相信他會這樣對我。」來找我的蜜琪一邊說，一邊泫然欲泣：「他不是也曾經被劈腿過嗎？我以為他會明白這有多痛，沒想到他自己也做出同樣的事！」

就在半個月前，她無意間聽到男友偷偷摸摸地在講電話。出於女人的直覺，蜜琪意識到這口氣不像在跟朋友說話或談公事，倒像是在好聲好氣地安撫某個撒嬌的異性。她不動聲色，只豎起耳朵悄悄地站在角落，聽到男友最後掛電話前喊對方一聲「寶貝」，頓時才覺得背脊發冷。

後來她才知道，自己早就被劈腿了。對象是他公司的女同事，而女同事根本不知道他有女朋友，還以為他單身快兩年了——他是這樣跟她說的。

「我不怪那個女的，是我男友混帳。」蜜琪咬牙切齒地說：「後來我

很果斷地放生他了，可是心裡很難受，也完全不能理解他的行為。現在回想起來，交往後期他就有點不對勁了。常常大半天找不到人，週末還說要去潛水，晚上才能跟我吃飯；或是睡前跟他講電話，常常有陌生的來電插播，他都說是朋友失戀要找他聊聊，可是當我追問細節，他又閃爍其詞，交代不出細節。」

但她說，即使對方有這麼多可疑之處，自己都還是選擇相信。原因無它，只因為他以前也曾被女友劈過腿，當時被傷得很重，所以蜜琪相信他懂得自律，不會拿這麼殘酷的事情對待自己。

結果證明她錯了。

「最可悲的是，那次之後，我好像就沒有辦法再相信誰了。」她傷心地跟我說：「分手後，我雖然不是沒人追，但每當男人對我好的時候，我心裡卻總不由自主地想著：『連曾經被傷害的人都會背叛我，誰知道你以後會做出什麼？』最近我才驚覺，這樣子好像有點過頭了，我很想放下，可是心結真的打不開。」

「你的心結是，為什麼一個被劈腿過的人，卻還會忍心劈腿別人嗎？」

我耐心地問道：「其實這也沒什麼好奇怪，因為會不會劈腿，跟他過去經驗無關，而是跟一個人的『逃避指數』比較有關。」

## 關於「劈腿」的迷思：受過傷的地方，不代表會比較強壯

你遇過這樣的狀況嗎？明明感情已經有問題，卻「盲信」對方不會對不起自己，只因為心底認為：如果他在同樣的地方受過傷，一定會長出抗體，不會用同樣的方式傷害我。

這樣的期待乍聽之下合理，實際上卻不然。很多人被劈腿後，下一段感情卻搖身一變成為劈腿的加害人，讓旁人直呼不敢置信。

背後原理其實是有跡可循的：關係中有一方劈腿，往往不完全是一方加害、一方受害這麼簡單，很可能是雙方都有很高的「逃避指數」，才造就這個局面。

關係出了問題，兩個人本身都有責任。只是一方的逃避是尋求新歡、另一方的逃避是把頭埋進沙子完全不處理。但因為「出軌」是社會認定的嚴重

錯事，才讓「裝沒事」的那方，看起來像是完全無辜的受害者。

**然而，當有「高逃避指數」的兩人結束了感情，「被劈」的那方已經不只是受傷，還學會了新的逃避方式：「出軌」**。因此當下段感情出問題時，不但不會好好面對，反而還學會用新模式去閃躲問題，這也是為什麼，曾經被劈腿傷過的人，還是很有可能去傷害別人。

如果你未來想判斷一個人能不能相信，其實該看的不是他「有沒有受過傷」，或「他願意給我多少承諾」，而是觀察他有沒有很高的「逃避指數」。一個「高逃避指數」的人，往往會有某些慣性的行為模式：常把「算了」、「之後再說」掛在嘴邊；遇到問題不願意徹底解決，只一味地拖延、抱怨，或靠喝酒抒發壓力、靠刺激的運動麻痺自己，這樣的人，「逃避指數」都非常高。

選擇這樣的伴侶，就算他最後沒有真的外遇，交往過程也會非常辛苦的。與其盲信對方不會背叛，或是相信他以前被劈腿過而不會背叛，不如睜大眼睛，好好選擇一個「低逃避指數」的伴侶吧！

PART

3

# 對頻戀愛養成術

# 你和「真命天子」的距離，其實只有四個人？

「好想交男／女朋友啊！要怎麼樣才能遇到對的人呢？」在這個重度工作時代，一旦進入社會，生活圈幾乎是立刻變得狹小，明明漸入適婚年齡，認識的人卻比學生時期少了好幾倍。

「學生時期只要修一堂外系的課，就可以認識整班不同的人。現在每天上班面對的都是同一群臉孔，男人不是太老就是已婚，就算有我也不要，我不想談辦公室戀情。」艾琳剛滿二十九歲，還沒交過男朋友，講起自己的感情空白，一臉的煩惱與挫敗。

「之前有鼓起勇氣去聯誼，但跑了幾次以後，發現來的對象都差不多，全是讓人提不起勁的無聊男。」她端起剛上桌的咖啡，盯著杯上的熱氣陷入苦思：「當時我也曾經想，是不是我自己太挑，要試著給別人機會？但發現真的不行，約會幾次以後，那種相處上的不自在，會讓我寧可選擇單身。」

「我明白了。」我點點頭表示理解：「那除了聯誼，你還有其他認識人的管道嗎？」

「有啊！能想到的我都試了。」艾琳搖著頭，沮喪地說道：「我會去上一些才藝課，但班上來的幾乎是女生；網路交友我也有嘗試，十個裡面卻有九個想約炮。我還會留意以前班上的男同學，但條件好的早就有女友了，根本輪不到我。」

她自暴自棄地說道：「有時候我會想，到底是不是真的有『對的人』？我早就不期待對方有多完美，但至少要頻率契合，可以一起努力和成長的對象。只是這個要求，真的有這麼難嗎？」

「其實說難不難，只是大部分的人都卡在一個盲點。」我對艾琳分析：「靠自己的力量去找，可能一輩子都找不到；但如果很多人都一起幫你找，那遇到真命天子的機會一定大得多。」

見艾琳疑惑，我繼續說道：「不是要你昭告天下，叫大家介紹對象給你。相反的，是從現在開始，讓身邊的人好好認識你。」

## 與其努力去認識人，不如開始讓身邊的人好好認識你

有一個知名「六度分隔理論」：世界上任兩個看似毫無關係的人，中間只要透過六個人，就能夠彼此串聯起來。

現今社會有了臉書，更突破到只要3．57人就可以把兩個徹底不同地理位置、文化背景和生活圈的人串聯起來。所以即使是我們和好萊塢明星之間，也有相隔不到四個人的距離：布萊德．彼特可能是我朋友的姑姑的大學同學的臉書好友，之類的。

人和「真命天子」之間的距離，也適用這套理論。現代人的社交圈狹窄，扣掉上班時間以後所剩無幾，如果還堅持第一手就要認識對的人，往往要花上驚人的時間。而在大把光陰浪費掉之後，才發現十個裡面有八個不適合，另外兩個是雞肋。

但是那個「對的人」，事實上根本沒有那麼遠——他或許是你旅行中某位相談甚歡的旅伴的公司同事，或是高中同學男友的死黨。他們實際上距離真的沒很遠，但我們可能一輩子都沒機會遇見。

那麼，要怎麼樣跨過這「四個人」的距離呢？

**其實現在要做的，不是更積極去認識異性，而是要「加深和同頻率的人的連結」而且「無論同／異性」**。道理很簡單，每個和你聊得來的人，周遭一定也有一群跟他同頻率的人。在那群人之中，要出現一位適合你的異性，機率一定大多了——至少比你自己去人海裡撈還容易幾十倍。

但是為什麼，平常無法啟動這種媒合機制呢？其實是因為，現代的我們已經不習慣跟人建立連結，就算有，往往也只是表面上的工夫，真實的我們被藏得太深，要找到同頻率的朋友已經很難，更遑論讓人為我們留意同頻率的對象。

但當別人無法了解「你是誰」，就不可能尋找適合的人給你，更不會有「欸，我發現你這些想法，跟我隔壁部門的男同事好像喔！要不要介紹你們吃個飯，他剛好也單身」的機會——真命天子也許真的隔不到四個人，你們卻像隔了四千個人這麼遙遠。

所以從現在開始，不要再急著約會相親，而是先和同頻率的朋友加深關係。多約出來吃個飯聊聊心事，不要只會幫對方打卡按讚；也可以在臉書上抒發一些心裡話，讓別人可以看見你真正的想法——其實每個人都在心裡默默建立資料庫，只是我們都不知道而已。

我見過很多驚人的緣分，就是這樣串聯起來的。有人找到天菜工作，有人遇見真命天子，而且對象都是她靠自己找絕對遇不到的。

真命天子的距離，其實沒有你想像中的那麼遙遠。祝你也能透過四個人，就找到自己的幸福。

# 快速招桃花心法：如何精準地吸引適合的另一半？

昱婷已經單身兩年了。

但問起最新的感情近況，她的回答總是不脫離這兩句話：「沒什麼機會認識人啊！」「有參加一些活動啦，但好像都沒人對我有興趣。」

真的都沒有一個互動比較密切的嗎？她想了想又補充道：「喔，有啦！硬要說的話，有個聯誼認識的男生，他常敲我聊天，聽說家裡還收留一隻被人棄養的拉不拉多，應該是個滿有愛心的人。」

「哦！那這個拉不拉多男呢？有希望嗎？」旁人殷殷切切地追問道，彷彿是自己要嫁女兒。

「嗯……他嗎？」昱婷若有所思地想了想：「人是不錯啦，可是總覺得少了點什麼，我的感覺是最多就只能當朋友。」

結果，像昱婷這樣的單身女郎，永遠在等真命天子出現，卻又永遠都在說這個不來電。時間慢慢過去，被她打入「朋友」圈的人越來越多，「男友」

卻還是連個影子也沒有。身邊的朋友看不下去，想盡辦法要幫她「招桃花」，除了拖她去拜月老，還你一言我一語地出主意：「你是不是聯誼穿得太隨便了？我帶你去治裝，記得以後一定要穿裙子才有氣質！」「你平常習慣笑太開，男生看到會嚇跑，笑的時候記得嘴巴要遮起來。」「我知道你是吃貨，但約會還是裝一下小鳥胃比較好哦！」

聽到大家的指指點點，昱婷心裡也漸漸沒了主意。好像真的是自己不會「演」，才會在戀愛市場上這麼沒潛力；「沒銷路」也是自己的問題，因為她「不夠迎合市場需求」。

她向我轉述這段故事的時候，眼裡盡是受挫和自卑：「也許真的是我的問題吧？像我這種大剌剌、不會撒嬌、事業心強的女人，應該注定只能被挑剩，而不是跟那些懂得裝女人味的女生一樣，身邊總有一打人繞著轉。」

「不完全是吧。」我聽了搖搖頭道：「我明白你朋友的好意，但我同時也很常聽男生說，他們不喜歡裝模作樣的女生，覺得直來直往的個性比較真，甚至還超想跟事業心強的女性一起打拚的。有人還跟我抱怨，為什麼這種女生這麼難找呢！」

「那為什麼我都沒遇到？」昱婷聽了哀號起來。

我拍拍她：「其實你朋友的建議沒有不對，但那些手段不會讓你遇到適合的人，只會吸引一些『平均值男』。」我耐心地說道：「要遇到真命天子的最快方法，不是當個大眾喜愛的平均值——而是要竭盡所能地，讓自己變得超特別。」

## 傳統的「招桃花」，只能吸引「平均值男」

朋友們建議的「招桃花心法」，坦白說確實是目前市場上保證吃得開的「普遍原則」，至少可以先吸引一票人對你有興趣。

但照這樣的做法，短期雖然桃花真的旺了，但要再進一步卻很難，因為吸引來的根本不是自己有興趣的對象，就算真的勉強在一起了，關係也很難長久。原因是，靠偽裝而吸引來的感情，並不是基於「適合」，而是「湊合」。

**而真正的招桃花心法，是要「勇敢強化自己的特別」，這才是精準吸引適合對象的不二法門。**

如果你喜歡休閒打扮，那麼與其刻意為約會治裝，倒不如穿著輕鬆舒適，心情愉悅地去約會就好，對方搞不好還更自在；如果你很懂吃，也不用在他面前裝自己沒胃口，說不定他跟你一樣是吃貨；你愛笑就盡量開懷大笑，爽朗是能讓人放鬆的特質，口水飯粒不要噴到別人就好。不喜歡撒嬌不要裝，因為不是每個男人聽到「我不會，你幫我嘛——」都會心花怒放。

還有，很多人認為在男人面前要裝傻，我卻勸女生，如果你在某個話題上有獨到的想法，千萬不要只靠裝傻取悅他，因為一個優秀的男人，不會只想聽女生說「你好棒，像我什麼都不懂——」。

有人擔心，這麼「真性情」會不會嚇跑男人？我反倒認為，「嚇跑」的另一層涵義，就是「過濾」掉非我族類。雖然乍看之下追求者變少了，其實是強烈彰顯自己的獨特時，會讓那些頻率不合的對象自動遠去。然而此時跟你頻率契合的人，反而能更精準地辨認出你，用最快的速度來到身邊。

從「同頻共振」的角度來看，一個具有特別頻率的個體，其獨特性會讓一個人像遠方的燈塔一樣無法忽視。但如果我們只為了多一點無關痛癢的機會，不惜讓自己趨於「大眾喜愛的平均值」，那很有可能只吸引得到一堆不來電、好像不差，但又不是真的那麼想在一起的「平均值」男！

因此我提醒各位單身的女孩：千萬不要為了怕趕跑這群人，而讓自己越來越普通，反而要讓自己獨特到沒人能取代，才能精準地吸引到正桃花。因為最後那個能夠看見你的好的人，只要一個就夠了。

# 你是真的「喜歡」，還是「輸不起」？

有些人的「單戀」，簡直就像「卡到陰」的同義詞。她們不了解自己為什麼這麼喜歡，身邊的人往往也覺得不可理喻。而當事人只能告訴自己：「沒辦法，就是愛嘛！愛情本來就沒道理。」然而，真的是這樣嗎？

「我好想知道，那個人有沒有一點點喜歡我？」綵郁講起單戀對象，雙眼馬上閃閃發光，像見到偶像的小迷妹。但是她挑了一個難度很高的對象——她工作地點的店長。我看了一眼照片，身高很高，外型體面，笑起來還有點壞，應該是萬人迷的類型。

「所以你有對他明顯地示好嗎？」我問。這年頭女追男不成問題，我也好奇她是不是夠主動。

「有耶，我覺得我做得還滿明顯的，他應該也知道我喜歡他吧？」綵郁有點不好意思地說：「我常常會主動私訊他，一開始是藉著談公事接近，後來會聊到最近看了什麼電影、有沒有推薦的書之類的，平常上班路上也會順手帶杯咖啡給他，有時候還會約他吃午餐。這麼明顯，而且我只對他一個人這樣，他應該知道吧？」

「應該吧？」雖然不得不說，男人有時候真的很遲鈍，往往最後一刻才意識到女生喜歡自己：「後來呢？他有什麼表示嗎？」

「沒有。」綵郁回答得很絕望也很乾脆：「他一直對我非常被動，每次都是我敲他，而且常常聊著聊著就乾了，我還要想盡辦法讓話題繼續。最近聽到同事在竊竊私語，說他早就已經有女友了，還繪聲繪影地說看到他跟女生狀似親密地走在一起。雖然他矢口否認，堅持那只是普通朋友，但是聽到的時候我還是心碎了。」

綵郁有些憤憤不平地補充說：「其實我覺得很不甘心，我又不是長得太差，條件也算不錯，外面等著追我的人大排長龍——好啦，就算沒有到大排長龍，也是不少人等著獻殷勤。我不是沒人要的女生，但不管怎麼明示暗示，這個人都無動於衷，說實在的，這讓我自尊心很受傷。」

我點了點頭，卻又好奇地問她，難道她沒有想過要放棄嗎？

「我沒辦法放棄耶，很奇怪，明知道他對我無心，卻怎麼樣也放不下。」

她搔了搔頭，自我解嘲地說道：「大概就是被煞到了吧？還是我上輩子欠他感情債，這輩子注定來還他的？」

「感情債這個詞不是這樣用的啦。」我苦笑著說：「如果抱著自己在還債的心態，不願意探究背後原因，通常只會越欠越多而已。」

我請她抽出一張牌卡，好解讀她在感情中的心態。看著綵郁抽出的牌，我會心一笑，抬起頭對她說道：「你知道嗎？我們以為是複雜的愛情，有時候真相出乎意料地簡單——你只是『不服氣』而已。」

## 你所謂的愛情，常常只是輸不起

喜歡的人不喜歡自己，對任何人來說都是一件打擊，特別是自尊心強的人。而當一個人的自尊心受傷時，很容易有超乎常理的固執與舉動，但他們當下往往不知道，還以為自己就是愛上了，沒辦法。其實驅使自己偏執的原因，早已不是因為「喜歡」本身，而是為了「證明自己」。

當我們愛一個人沒有回應，有些人會自知無望而忍痛放棄，但另一些人卻會「越挫越勇」，愛不到偏要愛，直到發現情況不對時，早已陷入單戀流沙無法自拔，只好回過頭來安慰自己：「沒辦法，我就是M（被虐傾向），這就是我愛人的方式。」

然而，這種人的心態也很奇妙，當你反過來問她：「如果一開始是他先積極追求你，沒話也拚命找話聊，想盡辦法博取注意力，你還會像現在這麼喜歡嗎？」她們往往會在思索一陣後，瞪大眼睛回答：「不會耶！光用想的就好噁心。」「我會馬上冷掉，然後跟他拉開距離。」

這不是有點矛盾嗎？**如果一個人主動追求你，你就會對他喪失興趣，那麼你原本認為的喜歡，真的是喜歡嗎？**還是因為碰了軟釘子，自覺面子掛不住，才會想辦法使盡渾身解數吸引他呢？

人的心是很微妙的，我們以為是愛情的東西，背後往往只是脆弱的人性。也只有人性，才會讓人捲入其中，固執得難以自拔。

你也曾經有過無可自拔的單戀嗎？那些年的窮追不捨，真的是「愛情」嗎？還是現在仔細想想，或許只是包裝著愛情的「輸不起」呢？

## 話說遠距離：愛情不是真的無敵

電腦的那端，學妹傳來給我一個大大的哭臉貼圖。

「嘿，怎麼了？」我馬上回覆她，一邊擔憂起來。因為就在兩個禮拜前，學妹才來找我聊過，說自己快跟男友走不下去了，他們已經遠距離一年多。

「我們剛剛又吵架了……」學妹字裡行間透露出無助：「這次我真的想分手了。」

我無奈地嘆了口氣，回想起上次跟學妹見面的情景。她在大學時認識現任男友，兩人當時都有出國念書的打算。然而因為經濟因素，學妹在最後一刻放棄了申請，最後只有男友隻身前往美國。

「他離開以前，我哭得要死。」學妹淚眼汪汪地說道：「連他平常這麼壓抑的人也哭了，我們約定好，每天都要跟對方聯絡，絕對不能讓感情淡掉。」他們甚至還會認真算時差，再怎麼忙也要打通電話說晚安。

然而即使努力維繫，分隔地球兩端的心，還是不免漸行漸遠。男友天性外向，留學生活多采多姿，交了許多當地的朋友，談話間也開始大量夾雜英文單字。有時候學妹不懂他說的是什麼意思，追問了兩句，男友就不耐煩地說：「啊？連這你都不懂？不是考過托福嗎？」「中文好難翻喔，你去查字典吧。」「不會吧，那剛剛我講那麼久，你都沒聽懂喔？」

而輪到學妹開口的時候，她講起工作上的委屈，剛進公司的她還不熟悉職場文化，常常惹得前輩數落她不是。男友沒當過上班族，只能給一些不切實際的建議：「不是你的工作就不要做，跟主管說啊！」「你就是太乖了，都不敢反抗，美國人都是有話直說的。」

學妹有幾次忍不住跟他抗議，卻引來男友的反駁：「不然你要我說什麼？」「你以為我很閒喔，我是半夜撐著不睡陪你聊天耶！」「給你建議你又不要，那不然都給你講好了，來，我閉嘴，現在開始都給你說。」幾次大吵下來，兩個人願意講的話越來越少，最後只剩報平安和簡單的瑣事。

「人家都說『遠距離不是問題，是在考驗你們有沒有問題』。」學妹哭喪著臉說道：「才過一年多，我們已經快形同陌路了。現在不要說分享生活，連說晚安都變成例行公事，甚至一天只有那一句晚安。這是不是代表，我們的關係本來就有問題？我們是不是因為不夠愛，才會撐不過遠距離？」

## 沒有仙人掌的耐力，別輕易談遠距離

「距離不是問題，是考驗你們有沒有問題」這句話，我很同意，但只同意其中一半。

的確，距離會讓「鬼遮眼」的熱情迅速降溫。很多戀人在分開後，一開始覺得很寂寞，但沒多久就驚覺「外面的空氣好新鮮」、「遠離他怎麼好像變快樂了」，甚至慢慢覺得「沒有他好像過得比較好」，因此漸漸萌生離意。兩人膩在一起時容易看不清的事，會在距離的幫助下逐漸清晰，因此「距離」的確會大量拆散本身就不適合的情侶。

然而，這樣的假設並沒有考慮到一個問題：一段感情當中，真實的肢體接觸、陪伴、聆聽，是很重要的維繫要素。原本生活在同一個圈子裡、遇到跟彼此高度相關的事情、有大量見面的機會，也能夠在彼此需要的時候給予陪伴。即使不知道怎麼安慰對方，至少也能握著對方的手，無聲地陪伴一整晚。

但在遠距離的狀態，卻會硬生生地剝奪這樣的連結：生活沒有共同的經歷，兩人開始雞同鴨講；在有限的交集下，講電話就像記流水帳，他有共鳴的事你覺得普通、你覺得重要的事他無法感同身受。每次遇到難熬的挫折想說，都要刻意算好時間。等時間到了上線，也只能對著模糊不清的視訊，聽著斷斷續續的語音，最後每每在關上電腦的那一刻，內心只有更加挫敗與寂寞。

**感情如果難以澆灌，自然容易枯死，因為不是每個人談戀愛，都能像仙人掌一樣耐旱。**

熬得過遠距離的戀人，不見得是愛得最深的，而是能靠著少許互動就維繫的——就像仙人掌一樣，只澆一點點水就能活下來。但有些人的戀愛就像海棠花，養殖需要大量的呵護與水分，少了一點就會迅速枯萎。但這不是愛不愛的問題，而是每個人的感情生長條件不同。海棠花型的戀愛，沒有充分的陪伴與滋潤，一開始愛得再深，也會踏上凋零一途。

別太責怪自己，愛情本來就不是真的無敵。遠距離的成功與否，關鍵真的不是不夠愛，而是你們的戀情不像仙人掌，無法在惡劣的條件下存活而已。

# 男人無理取鬧？也許他在跟你討「自尊心」

網路上流傳過一則笑話，有兩本書，分別寫了《女人想要什麼》和《男人想要什麼》。結果講女人那本厚達數千頁，上面記載了密密麻麻的眉角；男人那本翻開，裡面只有三個字：「自尊心」。

宜靜說，她最近跟男友處得不好，來諮詢的前一天才大吵一架，起因是男友嫌她胖。「我問明天穿這件洋裝好不好看，他竟然正眼也不瞧一眼，直到我逼他回答，他才瞪著我的腿，說了一句：『腿這麼粗，也不怕被人家笑？』」

想也知道，宜靜馬上抓狂，大吼他狗嘴裡吐不出象牙；但男友死不道歉，還反譏是宜靜堅持要問，他才說實話。兩個人冷戰到今天早上，當宜靜砰的一聲摔上大門時，男友還在房間裡裝睡。

「類似的事情發生太多次了，我覺得他是故意在挑我毛病，想要惹我生氣。但我真不曉得為什麼他要這樣。」她氣憤難平地說。

「辛苦你了，不過他是交往前就這樣嗎？」我一邊安慰宜靜，一邊問道：「還是最近才慢慢變成這樣？」

「以前不太會，是最近才變得這麼糟糕。」宜靜苦惱地道：「再這樣下去，我真的要考慮分手了。其實我去年就已經有想過要分手，不過不是因為他講話刻薄，而是他工作太爛。你想想，一個大男人出社會五年了，薪水還沒超過三萬，這樣以後怎麼養家？我還故意激他說，你比我們剛進公司的助理還不如，隨便找份工作都比你現在強，逼他快點離職。」

聽到她這樣一說，我隱隱約約出現不妙的感覺：「那他怎麼說？後來有真的換工作嗎？」

「說到這個我就有氣。前幾天我才幫他改履歷，要他快點去面試我找的職缺，結果你知道嗎？他竟然連謝都不謝我一聲，還罵我不要再多管閒事。欸，你不覺得是狗咬呂洞賓嗎？每天掛在人力銀行幾個小時，逛到眼睛快瞎了，那份職缺再怎麼差，起薪都還比他現在多一萬吧！他有什麼好不領情的？」

「嗯，我明白你的苦心，也曉得你是希望他好。不過……」我搖了搖頭，委婉地說道：「我認為他最近對你變得百般挑剔，可能跟他的『自尊心』受傷有關係哦！」

## 無理取鬧的男人，其實是在討「自尊心」

跟女人一樣，男人也有「無理取鬧」的時候。女人的無理取鬧，通常不是真的要表面上的東西，而是為了討一份安全感，一份被愛的感覺。

男人也一樣，只不過他們爭的東西不同，他們在乎的往往是一份「自尊心」。

當一個男人被身邊的女人批評，無論是說他工作太爛、薪水太低、身高太矮、肚子太大、還是對未來沒企圖心——即使出發點是「為他好」，對男人的自尊心都是很嚴重的打擊。在這種情況下，他們表面上雖然悶不吭聲（或自知理虧），卻會下意識地在其他地方還以顏色，好扳回自己的尊嚴。

而當男人捍衛起尊嚴的時候，就跟女人一樣不可理喻——你的身材沒變，他卻開始嘲諷你胖；以前你也很迷糊，現在他卻老愛拿你的錯大做文章；你本來就不愛化妝，現在他卻會嫌你打扮得像歐巴桑。

**他其實不是真的在意這些事，而是因為痛點被踩了，所以在其他地方反咬你一口，好扳回自己受傷的自尊。**

但女人往往看不出來男人會痛，還以為直來直往地刺激他最有效，又疑惑關係為何每況愈下。因為跟男人溝通，激將法是會兩敗俱傷的，就算他短時間內聽話，也會在心中埋下怨恨的種子。

如果你困惑男人為什麼變得無理取鬧，或總是有意無意地想刺傷你，不妨檢視一下，自己是不是在某些地方踩痛了他自尊心？這並不是說，你從此跟男人講話要裝模作樣，而是表達意見的方式有很多種，傷人自尊不一定是最有效的選擇。畢竟沒人喜歡被批評，更何況是被自己的愛人？

真的在意他、希望他好，我們可以換個方式說：既然男人要的是「自尊心」，那麼改成適時地鼓勵他，讓他覺得全世界你最懂我——一句「工作辛苦了，我只是很心疼你，因為覺得你值得更好的。」反而更能激起男人的企圖心。用正確的方式對待，你會發現其實跟女人比起來，男人還真的是很好哄的生物呢。

## 男人沉默的時候，女人在想什麼？

我觀察到一個很妙的現象：女性來諮詢感情的時候，多半對現況瞭若指掌，只怕你不問，不怕她不肯說；男性卻有另一個共通點，就是一問三不知，只茫然地問你發生什麼事。

不過這也不能怪男人，女人心海底針，這話不是說假的。男性遇到感情問題，肯求助已經很不錯，也不能一味地說他們狀況外。

瑞陽來找我的時候，已經跟女友冷戰五週。「冷戰」是他說的，因為女友找不到人已經這麼長時間，但他也確定對方沒出事，共同朋友有在吃飯時遇到她。

「這樣好奇怪，很少人冷戰可以拖這麼久的。你們在這之前出了什麼事嗎？」我問。

「我也是很努力想破頭，但是我真的不知道。」瑞陽無奈地答道：「真要說的話，上個月的確有吵過一次。但那是很小的事，小到我都快忘記怎麼開始的，只記得她當時非常生氣，說既然我這麼不在乎她，那她乾脆直接回去好了。我一來看她在氣頭上無法溝通，二來自己也有點不爽，當下也沒說什麼，只說好吧，那我送你回家。但是她又說不用，當著我的面氣呼呼地叫了計程車走了。」

瑞陽說，那天回去後他也沒打電話，心裡想著讓她靜一靜也好，因此洗個澡就睡了，第二天照常上班。

「我那時候也沒想太多，只覺得她如果沒找我，大概就是還在生氣，就想先放著等她氣消了再說。剛好那段時間我專案也忙，每天都很晚才下班，回家只想倒頭就睡，根本沒心思想這件事，就這樣拖著拖著過了一個多禮拜，有一天我才驚覺不對，她真的太久沒找我了，才趕快再傳訊息給她。」

結果為時已晚，不管他怎麼打電話、傳簡訊，對方都不接不回，甚至連已讀都沒有，似乎在這一個禮拜內，女友已經把他封鎖了。

「我不明白發生什麼事啊！為什麼她不跟我溝通，就直接把我封鎖？我試過好多種管道想找她，甚至還請共同朋友傳話，她卻跟朋友說我們已經分手了，要我別再騷擾她。本來我一開始還抱著希望，以為她氣消了就會回來。

誰知道五個星期過去了，她絲毫沒有動靜。我不禁懷疑，這段三個多月的感情是不是就這樣沒了？

「三個多月？那還沒有很久啊，難怪你這麼不了解她！」我忍不住搖了搖頭：「不，應該說你根本不了解女人。在不聯絡的這段期間，女人已經把你的『沉默』視為一種答案了。」

## 「沉默」的一體兩面：男人的尊重，女人的冷戰

如果你觀察過兩性對「沉默」的容忍度，就會發現男女真的大不同。兩個男性朋友整晚坐在酒吧裡，沉默地喝啤酒看電視，心裡卻可以感到非常自在；然而換作是兩個女生，坐下來就會講個不停，當中出現短暫的沉默，心裡往往還會一陣尷尬，馬上會有人開口把空白補上。

那是因為，對不善社交的男人而言，沉默是代表給予空間，是一種尊重的表現；但是對於女人而言，熱絡的交談、營造好氣氛，才是友善的態度。也因此女人要冷落別人時，往往也會用「沉默」做為手段，好讓對方坐立難安。

所以**當起衝突的時候，就知道男女對「沉默」的解讀會有多麼巨大的落差：**男人在氣頭上，或不知道該說什麼時，會把「沉默」當成好選擇，想讓氣氛冷靜下來，也給彼此思考的空間。女人這時卻會把男人的「沉默」視為惡意，當作「我不想跟你說話」的表現，因此大為光火。

因此在爭吵之後，男人長時間保持沉默，會對女人造成很大的殺傷力。這段期間，女人會解讀為自己不重要、你不在乎，甚至一點都不愛她。男人多沉默一小時，女人的心就多上演好幾百齣小劇場，最後當你發現情況不對時，她已經演到回不了頭，最後自行謝幕離台了。

要和女性相處愉快，適當地理解女人對「沉默」的感受是有必要的。當然並不是說，男人必須完全遷就女人，明明自己想靜一靜，卻非得焦頭爛額地和她糾纏不可。

平時雙方可以培養一種默契，告訴對方：「如果我爭吵後不講話，代表我想先冷靜一下，晚一點會再來談這件事。」將沉默的誤解減到最低，也讓另一方有空間喘口氣。彼此都多一點了解，也許下次事情可以不用收尾得那麼糟。

# 沒有讀心術的普通男

有時候，我會遇到一些讓人為難的問題，例如：想抽牌卡問男友到底愛不愛我。

不是不能問，只是我覺得這問題沒有任何意義——愛到底是什麼？每個人的定義都不一樣，有人覺得愛就是夠在乎，有人覺得是願意為我做任何事，有人覺得只要肯跟我結婚就是愛。還有，就算真的愛又如何？愛只是一種感情，可是空有感情也不能解決問題、不保證會幸福、更無法確定更好的未來。

所以遇到這種案主，我都會先反問：「你為什麼想問這個問題？」

「沒什麼，就是懷疑我男友不愛我。」可可坦白地說道：「我覺得他很沒心，好像對我一點都不在乎。如果牌卡抽出來發現他真的不愛我，我心裡也有數，會開始慢慢把感情抽走的。」

「好吧，那他是做了什麼，才讓你有這種感受呢？」我耐心地接著問。

「嗯……我是從上次得流感的時候，才開始慢慢察覺的。」可可一邊思索著，一邊對我說：「那時候我被公司同事傳染，在家躺了整整一個禮拜。當時在家發燒到下不了床，一整天都沒吃東西，結果傳訊息跟他說，他只叫我要好好休息，還問我要不要幫我叫外賣。我當時氣昏了頭，就已讀不回他了。」

「所以你是希望他怎麼做？」我這局外人聽了有點摸不著頭緒：「你是氣他沒安慰你，還是氣他反應冷淡？」

「都不是。你想女朋友生病，說自己一整天都沒吃東西，他竟然不是親自來看我，還說要叫外賣送來，這像話嗎？」可可生氣地說：「我又不是叫他馬上請假衝過來，但他連一句『我下班買晚餐過去哦』、『有沒有需要我去看你？』都沒問，只想用外賣打發我。我高燒到三十九度，看到他這句話就氣到不想回了，而他事後也沒有繼續敲我，就讓我自生自滅，我對這件事記恨到現在。」

她說，那次之後她就留上了心，開始會故意測試對方的心意。例如，她會說自己要很晚回家，看男友會不會主動說要來接，結果對方只回她「小心安全，到家跟我報平安」就自顧自地睡了；約會當天跟對方抱怨生理痛，男友回答「還是今天先取消好了？你在家好好休息。」這句話最讓可可怒不可遏，認為男友一定是不重視她，才會輕易說出取消約會這種話，更加確信男友心裡不愛她。

「我怎麼覺得，這些事情也許不是你想的那樣？」我疑惑地問道：「那你有跟男友說你很生氣嗎？生病的事？希望他來載的事？還有其實你不想取消約會？」

「我沒有直接講，但看我都不回答，就該知道我在生氣了吧！」可可理所當然地回答：「而且他也沒繼續追問，擺明就不當一回事。我想他的確是不愛我了，不然怎麼可能這樣？」

「我明白你的想法，但有件事情，恐怕我們都搞錯了。」我對可可溫和地說：「我們現在面對的不是神——而是一個沒有讀心術的普通人。」

## 男友不是神，只是沒有讀心術的普通人

其實大部分的男女爭吵，說穿了都是源自於「內心戲的資訊不對稱」。講白一點，就是我們都默默希望對方有讀心術，不用我們把話說出口，對方就該自己頓悟。

但很遺憾的是，我們交往的對象不是神，只是跟我們一樣的普通人。常常我們認為事情已經這麼明顯，對方還沒有照著我們的期望走，一定是不把我們放在心上。然而我們又怎麼能確定，對方有沒有確實明白我們的意思？以及，對方是不是用另一種方式表達在乎？

生病的時候，有人認為男友來探望才是「有心」，但他可能認為去你家只會拖累你休息，才會用「叫外賣」的方式解決問題。你氣得不回應，他搞不好以為你又發燒昏睡過去，根本沒發現你在生氣。

同理，我們以為「暗示」對方來載已經夠明顯，他卻以為「提醒你報平安」就等於重視你的安全；為生理痛的女友取消約會，他可能也覺得是一種體貼，卻沒想到會踩到你的地雷。

在沒有明確溝通的前提下，雙方的內心戲往往會出現巨大的落差。結果一方氣急敗壞地認為對方不愛自己，另一方卻還完全摸不著頭緒。

遇到這種情況，我通常會鼓勵自認「不被愛」的那方：不要試探，好好地把期望說出來。對方不見得會照做，但至少我們可以聽聽，他不願意的原因是什麼？也許他的理由，我們聽了也覺得合理；或對方聽我們開口說了，也樂意採用我們的建議；也可能你們還是有各自的期望，卻能因此更了解對方的想法。

不要因為伴侶沒猜到我們的需求，就懷疑對方不愛你。**愛情很偉大，但不是偉大在它讓人有讀心術——而是讓沒有讀心術的兩人，也能透過溝通走進彼此的心。**

## 「忙碌卡」的三種涵義

你拿過「忙碌卡」嗎？

當對方在訊息上愛理不理、已讀不回、答非所問，我們又硬要追個答案，對方常常會回答：「最近很忙」、「工作快忙不過來了」、「主管交辦的事一堆」，這種通稱自己很忙的，就是所謂的「忙碌卡」。

忙碌卡，應該獲選為感情界發卡量最高的一張，不亞於「好人卡」和「洗澡卡」，因為不管愛情界或友情界它都全包。它安全、理直氣壯，而且，普天下皆適用——只要你有在工作。

「最近朋友介紹我認識一個男生。他條件不錯，很高很斯文，算是我欣賞的型。不過他工作好像很忙，後來都沒什麼時間回我訊息。」雨潔無奈地說道。

「是喔？那你們一開始的對話還正常嗎？」我問。

「很正常啊！互相問對方年齡、工作、學歷、傳個照片，問家裡是做什麼的，聊聊彼此的興趣，大概就這樣。」

「然後呢？」其實很多人走過前面這一段，就彼此不再往來了，大約就跟面試的書面審核階段一樣，條件不合就打叉，連見面都沒機會。

「然後……就沒有然後了耶，之後通常都是我敲他問他今天怎麼樣，或是傳幾張照片給他。不過他幾乎都是已讀，不然就是傳個貼圖給我……」

雨潔無奈地聳了聳肩，但馬上又補充道：「不過，我覺得這應該只是暫時的。前幾天我問他是不是很忙，他說對，最近有新的專案進來，工作壓力很大，比較沒時間回訊息。我聽了就放心了，本來以為他是不想聊天或是對我沒興趣，既然只是工作忙，那我就等他忙完再說好了。」

「是這樣嗎？」我微笑問道：「好吧，那你想知道什麼？」

「欸，我想問說，這段感情要怎麼樣進一步？」雨潔有些不好意思地說：「等他這陣子忙完，我想約他出來聊一聊，到時候應該要怎麼做才能讓他對我感興趣？」

「你恐怕約不出來哦。」我笑著說：「如果在曖昧期就被發了『忙碌卡』，事情就有些不妙了！」

一般來說，感情中的「忙碌卡」有以下三種涵義：

**曖昧期的忙碌卡：銘謝惠顧**

剛認識的時候，應該是彼此吸引力最大的時候。如果對方對你有興趣，只會怕你一不小心就被人追走，再怎麼忙也會抽出時間聊幾句，不至於已讀不回——人想要偷空的時候，怎麼樣都會有空。吃飯的時候他可以好好傳個幾句，上廁所的時候也可以把手機帶去滑兩下，再怎麼樣也會擠時間，而不會已讀不回或說「最近很忙」然後銷聲匿跡。

但我們對對方抱持憧憬的時候，很容易為對方找理由，淪陷於「對方意思已經很明顯了，我們還以為自己有機會」的迴圈。事實上，無論是男是女，當「忙碌卡」一發，就跟女神發「洗澡卡」或「好人卡」一樣，基本上就等於「銘謝惠顧」的意思。

**穩定交往的「短期」忙碌卡：謝謝你，我知道你能做我的後盾**

這邊要強調一個例外——如果是已經穩定交往的情侶，「忙碌卡」也許真的是需要空間的訊號。進入確定關係的伴侶，彼此已經建立一定的信任和理解，因此短時間內告知忙碌，是希望對方能體諒的訊號。如果這時候能夠好好陪伴，過好自己的生活，對方反而會更加地信任和感激的。

## 穩定交往的「長期」忙碌卡：感情淡了，但又還沒到想分手

但是話又說回來，如果一個伴侶長期把「忙碌卡」當作縮短相處時間的藉口，這張「忙碌卡」，很可能又會衍生為另一個涵義：「感情淡了。」

通常一般工作者，忙碌不堪的時期不太會超過三個月到半年。半年之後，要嘛事情會忙完、要嘛自己也會開始上手習慣，或至少也會開始調整生活和工作的平衡。但如果這張「忙碌卡」發了半年都沒有改善，那很有可能是感情變淡的跡象。

不要輕忽這個警訊，是時候跟對方坐下來好好談談，不能一味地讓對方用「忙碌卡」逃避問題哦！

## 「獨處力」：幸福的基底處方

「人很好，卻常被發好人卡」這種事，不只會發生在男生身上，其實，女生也常常拿到隱藏版的「好人卡」。

「為什麼，每次談戀愛被分手的都是我啊？」思芸哭喪著臉說：「到底是出了什麼問題，我明明對男友都很好啊！」

雖然說分手就是分手，誰先提的不重要；但我也完全能理解，「被」分手的人，心裡總是有點不是滋味，氣勢上也矮人一截。

「從以前交往到現在，幾乎都是我被提分手。」思芸細細地數起往事說道：「但我真的不明白是為什麼，我哪裡做得不夠好嗎？跟最近這任男友同居時，都是我幫他洗衣服、帶便當；他下班回家，我也會馬上放下手邊的事情，坐在他旁邊陪他吃飯，問他今天好不好，專案進行得順不順利，新同事有沒有好相處，然後我又告訴他，我今天也發生什麼事——」

聽到思芸絮絮叨叨地講到這裡，我已經開始覺得不太對勁。剛回家的人通常一身疲憊，急著放空休息，很少有人想聽別人一股腦兒地問東問西。對問的人來說，是憋了一整天的「關切」；對疲憊的人來說，卻是一種「轟炸」，很容易三兩句就超過臨界點，而不耐煩地叫對方閉嘴。

果然，她接著就說：「但我男友通常都不是很想聽我講話，一開始還會耐心回答，之後就有一搭沒一搭地應付，還會不耐煩地趕我去做自己的事。」思芸嘟著嘴巴抱怨：「可是我沒什麼事想做啊！我只想把心愛的人照顧好。看他吃我做的菜，我就開心；他工作被誇獎，我也為他高興；看到他在塗鴉牆發了生氣的訊息，我也會急著傳簡訊問他發生什麼事，看有沒有辦法一起解決。」

結果，男友當然一點都不領情，甚至在提分手的時候，抱怨她的付出給他很大的壓力，讓思芸大受打擊。

「我還不是因為太愛他，才會這樣做牛做馬？如果不是我男友，我還不願意呢！你說，為什麼男人就是這麼犯賤，不珍惜對他好的女人？」她問我，像是在尋求我的同意。

「其實，男人想要的是一個吸引他的女人，而不是一個為他做牛做馬的老媽。」我笑著搖頭說道：「喜歡為人付出是很好的能力，但如果想要下段感情順利，還需要建立感情中的『獨處力』才行。」

## 獨處力，才能為你招來最好的愛情

「喜歡照顧人」是一種值得稱許的特質，然而，這種能力如果不搭配「獨處力」，其實很容易造成關係的失衡。

沒有獨處能力的人，很難面對「一個人」的空白：就算伴侶不在身邊，她們也會竭盡心力地忙進忙出，注意對方的動態，無孔不入地「關心」對方的一切。她們在過程中的確獲得了成就感，卻也因為重心全部都壓在對方身上，無形中造成對方的壓力，還在過程中一點一滴地喪失了自己的生活。

**這樣的人在關係失衡時，其實不是去否定自己「照顧人」的能力；而是要把照顧人的能力，拿來先好好照顧自己。**

但是很多有「照顧特質」的人，因為無法面對分手後的空虛，只會急著想找下一個人讓自己「照顧」，或是想用照顧特質來吸引別人的喜愛。這樣下去，吸引到的人還是一樣：一開始享受你照顧他，久了又嫌你像老媽，最後膩了又離你而去。

我總是勸有「照顧特質」的人：在分手後，別急著馬上找另一個人來「照顧」，而是先過上一陣子的單身生活。你可以練習一個人出去看電影，一個人去旅行，一個人吃飯，一個人逛街，一個人在家裡看一個晚上的書或影集。

有照顧特質的人往往是欠缺「獨處力」的，因為總是有人需要你，你也想用照顧來換取別人的喜愛，甚至害怕自己「不被需要」。但一點一滴地練習後，獨處的不習慣會慢慢降低，漸漸地發現一個人也還不錯。你不再一直想拿「照顧」換取愛情，而是拿這樣的能力來愛自己，甚至這樣的「獨處力」，會讓你在下一段關係裡更加順利。

也許你現在會有點懷疑，也有點恐懼，但一次一點點，你真的可以做到——因為你是這麼有愛人的能力，當然也可以愛自己，甚至把自己照顧得跟情人一樣好。

「獨處力」是所有幸福的基底處方：它讓你一個人時過得自在，也可以讓你在兩人世界中不至於過度依賴。那是一種以愛召喚愛的能力，也能為你招來最好的愛情。

PART

4

# 剛好及格的愛情

## 沒有喜歡的「適合」，就只是「湊合」罷了

只要常聽別人聊起感情問題，或多或少都曾聽過這句話：「該選喜歡的在一起，還是適合的？」

孟鈴就是陷入這樣苦惱的人。她攪著杯裡的奶茶，百無聊賴地問我：「有可能一個人很適合你，但你卻不喜歡嗎？我現在好猶豫，大家都說要選適合的人，可是我卻對他一點都不動心。」

「那要看你對『適合』的定義是什麼。」我想了想，對她說道：「基本上，我認為『喜歡』和『適合』是同一件事，如果一個人你認為很適合、但心裡卻不喜歡，表示你對『適合』定義只是『他對我很好』。可是這樣定義實在太狹隘，『適合』不應該只有這樣才對。」

「可能吧。」孟鈴聳了聳肩，無奈地說道：「現在的我就卡在這樣的狀況裡，進退兩難。」

她喝了口奶茶，煩惱地繼續對我訴苦：「我在今年三月剛分手，沒多久

就認識一個男生。他條件其實不錯，對我也很溫柔，不在意我每天都在哭、聊天都在講前男友，每天都來接我下班、帶我去吃飯、陪我散步、累了就送我回家。這次失戀，我可以說是在他的陪伴下，慢慢好起來的。」

孟鈴說自己很感謝那個男生，但當她發現對方開始有所期待，甚至在情人節會買項鍊、玫瑰花這種「追求者」型的禮物給她時，她開始緊張了。

「我怎麼會不明白他的意思？但這時才驚覺，雖然我很感謝他，但壓根沒有想過和他在一起。」孟鈴很驚慌，不知道該怎麼回應對方的感情，狠心推開覺得自己很沒良心，但勉強接受又不樂意，因此陷入非常兩難的局面。

「所以你才會問我，如果一個人很適合但你卻不喜歡，該怎麼辦嗎？」我問。

「對啊，這幾天我真的想破了頭，一直在思考這個問題。」孟鈴困擾地回答：「很多人都勸我，男人要選適合的，不要選喜歡的。我前男友就是我『喜歡』的型，但是非常不適合；這個男生很適合我、對我夠好，雖然我不夠喜歡，但還是拚命說服自己，要不要就老老實實地跟他在一起好了，反正感情可以培養，大家也說適合比較重要，你覺得呢？」

「聽你的口氣，就是不情願的樣子啊！」我忍不住笑了起來：「不用勉強自己屈就不喜歡的人，因為『適合』和『喜歡』，本質上一點衝突都沒有。如果一個人適合卻不喜歡，那只不過是『湊合』的人罷了。」

## 愛情中的「適合」公式：價值觀契合＋喜歡的感覺

你一定聽過這樣的萬年問題：找男女朋友，到底該選「適合」的，還是「喜歡」的？

但會問這個問題的人，多半都有奇怪的認知：以為對方只要疼我讓我、遇到事會順著我、吵架會先道歉、要他幫我做事都會做、對我好、對我家人也好，就叫做「適合」。

相對的，對方不具備以上條件，還會跟自己三天一小吵五天一大吵，為了金錢吵、為了價值觀吵、為了「你這樣就是不愛我」吵、為了「你多看別的女生一眼」也吵，但是吵歸吵，提到要分手還是會呼天搶地、抱著對方大腿哭說不要走，就叫「喜歡」。

但其實這是一種誤解，以上兩者都有明顯的問題，通通稱不上真正的「適合」。

**真正的「適合」＝價值觀契合＋喜歡的感覺**。

少了「價值觀契合」的感情，兩個人空有喜歡沒用，只會鋪天蓋地地吵，把人磨損到精疲力盡，卻還死抓著「喜歡」不放，繼續互相傷害。

而少了「喜歡」的感情，對方即使價值觀跟你相似，卻只是個不討厭、可以一起過日子的對象，也就是所謂「剛好及格」的情人。雖然相處可能不太起摩擦，但久了也讓人心生煩膩，甚至開始懷疑：自己是不是只配得上這樣的人。

那麼回到原先的問題上：情人該選喜歡的，還是適合的？

我認為兩者完全沒有衝突。

真正的適合，本來就該包含「喜歡」的元素。如果你陷入這樣的兩難，代表其實你還沒找到真正的適合。而你原本認為「適合但不喜歡」的那位，充其量只能稱作「湊合」罷了。

# 剛好及格的他，是最難分手的情人

我曾經說過一句話：「世界上最難分手的不是爛男人，而是不好不壞的男人。」

瑋寧說，她在這段關係裡已經十一年，但談起男友，眼神卻充滿抑鬱：「現在這個男友，我不知道該怎麼辦……」她悶悶不樂地說。

「怎麼了？他有哪裡對你不好嗎？」我問道。

「也沒有不好，但就是覺得自己沒那麼喜歡他。」瑋寧嘆了口氣：「當時我們還太年輕，他很殷勤地追我，我也沒想太多就答應在一起了。可是交往久了，才發現彼此個性沒有很適合，我們常常為了小事吵架，也一直沒辦法好好溝通。原本自己就已經沒那麼愛他了，這樣長期下來，我對他的感情就越來越淡。」

她說，自己不是沒想過分手，可是每次提起這個念頭，身邊的朋友都嗤之以鼻：「分手？為什麼要分手？你男友有對你不好嗎？不是生理期會煮紅豆湯給你喝，一通電話就接你上下班？這樣的男友你還想分手，也太不知足了吧？」朋友一教訓，她又摸摸鼻子不敢吭聲，覺得是自己的問題，分手就又遙遙無期了。

「不是這麼說的吧。」我搖了搖頭道：「感情這種事，如果只是『對你好』就有用，那全天下的工具人都是搶手的天菜了，才不會在那邊喊交不到女朋友咧！」

「唉，可是我就是耳根子軟。上禮拜我們又為小事吵架，我就猶豫要不要乾脆分手算了。可是一想到朋友這樣說，我鼓起的勇氣又會消下去。想到他的確不是什麼壞人，平常對我也還不錯，雖然我確實不夠愛他，但交往久了也不是沒有感情，分手好像太嚴重了。或許，答案真的是我自己不知足，是我的心態要調整？」瑋寧雖然嘴上這麼說，語氣卻相當不情願。

「有時候真的不是知不知足的問題。」我說：「不知足只是一個警訊，提醒我們現況已經有問題了，一味勉強自己是不行的。」

我繼續說道：「大部分的人都以為，感情裡最可怕的是壞男人——但實際上最麻煩的，反而是遇到不好不壞的男人。」

## 不夠壞的男人，反而困住女人最久

我們以為在感情裡最糟的，是遇到爛男人；但有時候最折磨人的，反而不是遇到爛男人，而是「剛好及格」的男人。

爛男人雖然讓人鬼遮眼，但正因為他夠爛，才讓女孩在被打醒的那一刻能大刀闊斧地離開。但是「剛好及格」的男人，正因為沒有好到讓你很喜歡、好到想跟他走一輩子，但真要分手又覺得可惜，想說他也沒那麼壞，他還是有對你不錯的時候，而你也沒信心以後可以遇到更好的人。於是分手捨不得、在一起覺得委屈、騎驢找馬又覺得過意不去。兩人常常在吵架，吵架的點雖然都不是什麼大事、卻又永遠無法取得共識，只能摸摸鼻子當鴕鳥，日子湊合著過，五年十年就這樣過去了。

**然而，會在「剛好及格」的男人身邊無奈打轉多年的女孩，其實內心都有一個共通點：以為「壞」才是分手的唯一理由。**

但她身邊的男人並不「壞」，有時還是別人口中的「好男人」，於是女孩就以為自己不知好歹、不知滿足，才會在感情中不快樂。可是，其實「壞」並不是分手的唯一理由，「不夠適合」和「不夠喜歡」也是。

不夠喜歡的感情，不會因為他「還算可以」就繼續加溫，反倒是日子久了，委屈會讓你越來越不快樂；不夠適合的感情，也不會因為他「剛好及格」就會慢慢變成適合，只會因為不斷地爭吵，最後消磨掉所剩不多的喜歡而已。

一段感情，真的並不一定要他「夠壞」才能分手。只是多少人看不清，在「不夠壞」的男人身邊蹉跎多年，甚至懷疑不快樂都是自己「不知足」，不快樂都是自己的錯。

「剛好及格」的男人，真的是女孩最難分手的情人。

# 沙漠型情人

有時候在路上，我會不小心聽到別人的感情問題。其實太陽底下哪有新鮮事，問題分析到最後，翻來覆去就是那幾種變化型。因此常常當事人還在為某個男人爭論不休，附近有個吸著珍珠奶茶、一邊假裝滑手機等公車的女人，已經對她的感情有了答案。

那次是兩個妝容精緻的上班女郎，在公車亭旁邊的對話。一名女子身穿藍衣，另一名頭髮燙得很美，捲曲的線條掛在肩上，在此簡稱為藍衣女與捲髮女。而感情出問題的是那位捲髮女。

「你跟你男友最近還好嗎？」藍衣女不曉得是出於好奇，還是已經知道了些什麼，對捲髮女問道。

「唉，老樣子，就是對他很頭疼。」捲髮女搖了搖頭，聽起來很不開心：「我這幾天在跟他嘔氣，因為上次很久不見的朋友來約吃飯，還說也想見見我男友。我怕他沒空，還提早好幾天跟他說，要他把那個時段空下來。結果那天我左等右等，他就是沒來，好不容易打了二十幾通電話，他才接起來說睡過頭不去了。害我一直跟朋友道歉，朋友怕我尷尬，一直說沒關係，但是我覺得他這樣非常不給面子，回去以後跟他大吵一架。」

「這樣也太過分了吧？那他後來怎麼解釋？」藍衣女瞪大眼睛問道。

「他就老樣子啊，犯錯都連一句道歉也沒有，還說那種女生的聚會對他來說不重要，忘記沒什麼大不了。我當下也火了，說：『這已經不是第一次，也不是重不重要的問題，是你根本沒心——有心你不會忘記，至少也會說聲對不起。』結果從那天起他就已讀不回我了。」捲髮女一邊氣呼呼地滑著手機，一邊打開訊息紀錄給她看。

「你說他不只一次這樣了喔？」藍衣女同情地看了她的手機一眼，搖搖頭道：「那你還跟他在一起這麼久，是有什麼捨不得的地方嗎？」

「我也在思考這件事，自己為什麼對他這麼鬼遮眼。」捲髮女一邊收起手機，一邊嘆了口氣：「雖然他大部分的時候都很差勁，但有時候的確對我還不錯。我想到有一次坐他的摩托車，他看我在後座冷得發抖，還特地停下來拿置物箱裡的雨衣給我穿；上個月我養的貓過世，他平常對我愛理不理，這時候也知道要安慰，叫我別太難過。所以每次被他氣得要死時，只要想到他還有好的一面，就總是覺得捨不得。」

我不太確定後來藍衣女是怎麼回答她的，但至少在我匆匆忙忙招手上公車前，心底浮現了一句話：「天啊，又一個苦主栽在『沙漠型情人』手上了！」

## 沙漠型情人：給你乾渴的愛情，你就會感謝他賞你幾滴水

有人說，幸福的秘訣是珍惜對方的好，但我卻覺得這句話，不適合用在沙漠型情人身上。

跟他談戀愛日子很辛苦，甚至比單身還要累。沙漠型情人對你「沒心」的時候居多，說過的話常常做不到，十次承諾有五次忘記、三次反悔、最後兩次是因為你嚴厲要求才辦到。你們在一起總是在吵架，在嘔氣；他對你的付出不是不領情，就是覺得理所當然；他也不在乎做什麼會讓你生氣、沒面子或是傷透你的心，總之就是非常自我地過他的日子。

然而，再差勁的人還是找得出一丁點的好，不然一開始就不會在一起了。沙漠型情人的伴侶在快渴死的時候，只要對方釋出一點善意——還不是特別大的那種，多半是朋友就做得到的等級，例如順道載你一程，在你難受的時候聽你抱怨，或是幫你看一下筆電哪裡出問題，原本想逃離沙漠的人，就會這樣被幾滴水解了渴，又流連著不想離開。

可是這是一個很詭異的邏輯：因為他的好而捨不得離開，但一開始把你推到沙漠裡的，不正是他本人嗎？

再者，那些「好」放到一般情侶身上，往往只是普通到不行的小照顧；但和沙漠型情人交往的人，卻因為自己乾渴太久，會將之美化到黃金般的珍貴，甚至誤以為是真的黃金，而更加放不掉。

**換句話說，沙漠型情人的「好」，往往不是真的「那麼好」，而是因為平常給人的感受太低，而讓普通的「好」有了幻覺式的加乘。**

如果你離不開一個糟糕的情人，只因為他還有「好」的一面，不妨回過頭來想想：他的「好」，是真的有這麼好呢？還是因為自己心裡巨大的冷落與孤單，而被烘托出來的珍貴？

# 為什麼要我依賴你，卻又嫌我公主病？

「我以後寧願相信世上有鬼，也不要相信男人那張嘴了！」小芬一提起剛分手的男友，秀麗的臉馬上橫眉豎目起來，連聲音都帶著幾分殺意。

「怎麼了？」我小心翼翼地探問，生怕一不小心踩了地雷：「他騙了你什麼？」

「他說謊！欺騙我的信任！」小芬氣呼呼地說：「你知道嗎？男人交往前什麼話都說得出來。他追我的時候，信誓旦旦地跟我說，他喜歡我，喜歡到連我的壞脾氣都能接受，也喜歡我的依賴，喜歡我總是像個小女孩一樣需要他。我一開始還不太相信，怎麼可能有這麼好的事？但他一再跟我保證，他連我生氣的樣子都覺得很可愛，只要是我做的事，他都喜歡。」

小芬劈哩啪啦地說了一串，顯然怨氣累積很久。這也難怪，因為她說自己交往前小心翼翼，一開始也沒有全信男人的鬼話。然而後來她漸漸發現，自己真的不管怎樣發脾氣、無理取鬧，男友都會耐心地哄她開心，小芬才相信自己撿到寶，放心當個任性的小女孩，過了一段被寵上天的日子。

然而，這樣的光景維持不過幾個月，在某一次爭吵上，小芬再度擺臭臉、講酸話刺激男友，還故意不接電話時，男友忽然在訊息上說了一句：「我好累，你為什麼總是這個樣子？」

「你這什麼意思？」小芬一時沒發現不對勁，還氣呼呼地反問道。

「我發現你真的越來越公主病，只要一點不順你的意，就把大家搞得雞飛狗跳。我工作累得半死，還要哄你到半夜才能睡，第二天上班沒精神，你卻只會怪我回家沒有馬上打給你，好像世界都繞著你轉，你有把我放在心上嗎？」男友越說越氣，最後撂了一句狠話：「我累了，你去找個能照顧你的人吧！」

等小芬終於從震驚中回過神，才意識到男友單方面跟她宣布分手了。

「我一開始還以為他是說氣話，因為之前每次他都會回來道歉。」小芬哭哭啼啼地說：「誰曉得他是玩真的，過幾天就把我家鑰匙還我，把我放在他那裡的東西打包送過來，我才當場大哭，求他不要走。」

但無論小芬怎麼放低姿態的哀求，甚至跑到他公司樓下等他，卻只換到男友不耐煩的回應：「你不要再來找我了，這樣我很困擾。」以往百般受寵的她從天堂摔到地上，才意識到世界已經風雲變色。

「我真的沒機會了嗎？我不懂，如果他不喜歡女生這樣，那一開始就不要騙我啊！」小芬激動地說：「我好不容易相信了他，現在卻被他傷害得這麼深，這樣我以後還可以相信誰？」

小芬無助地哭泣，我心裡也很為她難過，但要挽回一個心意已決的男人，幾乎跟人死而復生一樣困難。我只能希望她明白真相：「這個男人不是有意騙你，而是他當時真的以為自己可以。」

## 成也自尊心，敗也自尊心的男人

有些男人骨子裡是大男人，特別喜歡能夠滿足他自尊心的小女人。尤其熱戀期的時候，只要可愛女生願意對他說一句「這個我不會，你幫我！」「人家不想等公車，你來接我嘛！」甚至凌晨兩點的時候打電話來吵醒他：「我心情不好，你陪人家聊天。」都會讓這種男人雄性賀爾蒙爆發，覺得自己好重要，好了不起，於是當下什麼都能為她做到，甚至會脫口而出「沒關係，不管你做什麼我都喜歡」的鬼話。

不，事實上這不是鬼話，因為他並不是有意騙你，而是「真的以為自己可以」。

在這樣的男人眼裡，你是個沒有他不行的小女孩，你要賴撒潑，需要他的呵護，都會大大地滿足他的自尊心，覺得自己從頭蓋骨到腳趾都充滿了男子氣概。然而時間一長，人難免會彈性疲乏，付出能力也隨著熱戀期過去而下降，女孩卻開始誤解他「真的喜歡你這樣」，逐漸被養成頤指氣使的公主病，這時情勢就開始逆轉了。

當女友變得越來越難哄，男人除了不耐煩外，心中還會浮起這樣的挫敗：「不管我怎麼做女友都不開心」、「我沒有能力照顧她了」、「對她而言我是個差勁又沒用的人吧」。當大男人的自尊心開始受到打擊，感情就會磨損到不可挽回的地步，而女人卻在過程中渾然不覺，還以為他真的能接受你任性。

我都告訴女孩，這樣的男人不是有意騙你，而是他的愛有條件：「你不能一再地超出我的能力範圍，否則我就會覺得你公主病。」

但話雖如此，與其一味責怪男人，我倒認為女人也要負起一半的責任。**偶爾撒嬌是情趣，過度任性就是傷害了。沒有人真的喜歡頤指氣使、難哄難纏的女友，也別因為一句「我喜歡你的任性」就信以為真。**真的愛他，就要給他好日子過，讓自己成為體貼又善解人意的公主，而不是任性又傷人自尊的公主病。

## 「男孩型戀人」的陷阱

「有沒有一種藥，吃了以後就不會再被男人騙了？」小梅哀怨地說。

第一次聽到這麼奇怪的要求，我也忍不住笑了起來，問道：「為什麼？」

「唉，說真的，講起來都覺得自己好傻，怎麼會蠢到相信男人。」小梅說起來還難掩氣憤：「我男友剛跟我在一起的時候，是那種早上起床會第一個打給我，說想聽到我聲音的肉麻鬼，而且每天回家第一件事就是開視訊，說像是隨時都在身邊陪我一樣。」

她說，如果只是這樣就算了，她不是第一次談戀愛，不會被這樣的伎倆哄騙過去。沒想到，男友的認真似乎不只有這樣：「有一次我們搭捷運，他看到有個媽媽抱著小孩在哄，看得兩眼出神。等那個媽媽走了，他才轉過頭來對我說：『以後我們兩個的小孩一定更可愛。』」

小梅當下有點嚇到，因為當時兩人才剛在一起，還沒有討論到結婚這一步，男友的態度，似乎是認定以後會和自己結婚生子。「那時候我還試探地問了他：『所以，你是有打算結婚的人嗎？』他還認真地回答我：『如果已經遇到對的人了，為什麼不結呢？』」

「那次之後，我才相信他應該是認真的，把他當作要走一輩子的人。」小梅悲傷地說：「可是大概交往七八個月後，我就發現他好像慢慢變了。現在晨間電話早就不打，回家連說個晚安都要我主動敲他。我問他是不是不愛我了，還是心裡有別人？他卻只會一邊打電動一邊說我想太多，不然就是反問我想要怎麼樣。我覺得好可怕，這真的是我認識的他嗎？」

更可怕的是，小梅後來聽到共同的朋友說，朋友在婚禮上起鬨問他什麼時候要結婚，他淡淡地回答「目前沒考慮」，把她最後一絲信任都瓦解了。

「明明一開始是他先認真的，我才慢慢打開心房；他現在卻好像不認帳，彷彿是我在倒貼他。我不懂，老天是不是在懲罰我，叫我以後不可以再蠢到相信男人了？」

「不是這樣的。」我搖搖頭說：「兩個人不相信對方，是談不了戀愛的。其實我倒不認為你是被騙，因為男人並不會為了騙人下這麼多工夫。最有可能的是，你碰到『男孩型戀人』了。」

## 言語只能表現衝動，行為才能代表成熟

你遇過這樣的男人嗎？對你承諾未來的時候看起來很誠懇，但是偏偏「說得很好聽，做起來又是一套」，之後第一個毀約不算數的也是他。

而女人發現男人無法兌現承諾時，往往氣急敗壞地質問：「你為什麼要騙我？」但實際上，男人此時多半也啞巴吃黃蓮，因為他們自己也弄不明白，為什麼說的時候信心滿滿，但最後卻總是想反悔。

觀察過天真無邪的小男孩嗎？他們會大聲地說長大要娶隔壁的女生，畢業以後要當太空人，或是在小小年紀就發誓以後只生一個小孩，這樣就不會有人像他哥哥一樣搶他玩具。小男孩說的時候，真心不覺得自己在開玩笑，還會因為覺得「我真的這麼覺得，大人為什麼不信」而氣鼓鼓。

男孩型戀人，其實內心跟小男孩沒有太大的不同。

他們只是外表有長大，也具有在社會上生存的能力，甚至還學會一套假裝成熟的遊戲，但他們內心還是長不大的彼得潘。很多男人甚至為此洋洋得意，認為自己的「單純天真」是不受汙染，不想學著長大也沒關係。

不想長大的確沒關係，只要身邊的人能接受就好。但這時候，身為伴侶的那一方就得非常明白：「**男孩型戀人，說好聽話只能代表他心情好，不代表他會做到。**」

他們喜歡上一個人，會把最甜的話說出口：我要跟你結婚、你是我等一輩子的人、我會養你、以後小孩我帶、有問題都交給我、我會為你想辦法等等。而且初期，他們還真的可以做到一部分。可是過一陣子後，熱情逐漸蒸發，說要跟你結婚的人，事後又閃閃躲躲說不是現在；說會努力解決感情摩擦的人，也是吵架第一個說分手的人。

女人覺得被男人騙了，怪男孩說得到做不到。男孩也覺得很挫折，因為他當時說這些話是真心的，卻被當成騙子。如果真的要避免這種情況，我會說：「判斷一個人是否真心，不要再沉溺於他的言語，要看他做出的行為。」

言語只能夠代表衝動，行為才是真正的成熟。跟男孩型戀人在一起，最好學會把好聽話當耳邊風，他「說了什麼」一點都不重要，「做到什麼」才代表他真正的心意。

當女人學會看清，感情的路上自然能夠避開「男孩型戀人」；或者，可以學會不再抓著他們的承諾不放，而在「男孩型戀人」身邊玩得愉快。

# 「好女孩」的愛情陷阱

你知道「好女孩」的情路，為什麼總是這麼坎坷嗎？

你身邊一定有這樣的女生：長得還不差，個性也不壞，在自己的專業領域上表現不俗，或至少有一份穩定的收入養活自己。閒暇時她們也沒在家當宅女，而是學這個學那個，會上健身房會跳現代舞，有朋友來訪也變得出一桌好菜，飯後能來一壺香氣四溢的手沖咖啡。人人在享受她的好之餘，心裡又不免覺得疑惑：「為什麼這麼好的女孩，卻會遇不到好對象？」

別誤會，並不是說好女孩就不能單身，單身本來就是個好選擇，只是這些「好女孩」往往不是真的想單身，而是老遇不到對的人。經常交往沒多久就發現個性有問題、相處時衝突不斷，熱戀期結束就分手，而且她總是被拋棄的那個。

紋琪就是這種「好女孩」。

「我的感情被詛咒了嗎？這已經是第四個了！包含上次那段無疾而終

的，這次又是一個熱烈追求我，等我被感動了答應和他在一起，對方卻沒維持幾個月就越來越冷淡，最後都是靠我在苦苦維繫感情的。」紋琪氣憤地說。

「這個男友最近才告訴我，我們兩個個性不適合，他得再好好想想要不要繼續走下去。天啊，這什麼話？當初追我的是他，現在說不適合的也是他，如果不適合，為什麼一開始要追得那麼猛烈？」紋琪難掩激動：「我還記得他口口聲聲說我是他見過最特別的女孩，現在根本是不愛了，才拿不適合當藉口吧！男人的甜言蜜語果然不可信！」

見紋琪氣憤難平，我也只能先按捺住不動聲色，倒了杯檸檬水給她。等她發洩到一個段落，才溫和地問道：「那你自己覺得呢？交往前，你有認為他是適合的人嗎？」

紋琪一時語塞。「我……我沒想過這個問題耶……」她遲疑了一下，才慢慢地回答道：「那時候就是他追我，也表現得很真誠、很有心，讓我很感動。我心想等了那麼久，終於有人懂我的好了，頂多觀察久一點確認他是不是真的誠懇。所以你要說適不適合，我……我還真的沒想過。」

她苦惱地思索一下，接著說：「我談戀愛一直都是靠感覺走，感覺對了就在一起。其他我沒想那麼多，覺得兩個人夠愛就可以克服一切。你覺得這樣有什麼不對嗎？」

「嗯……是沒有不對，『感覺』當然是愛情的基本要素，不過……」我思索著要怎麼樣才能明確表達我的意思：「其實『感覺對了』這種事，是有可能騙人的——因為我們可能會把那份飄飄然的『賞識感』，錯以為是『愛情』。」

## 好女孩的愛情陷阱：終於有人懂我的好了

如果要說困住「好女孩」的陷阱，我會說，「賞識感」是一個很重大的因素。

她們不是不夠好，相反的，正是因為夠好卻長期被忽略，才讓她們在一次次感情受挫的同時，更加在心底告訴自己：「總有一天會遇到懂我的人。」「賞識感」成為她們重大的需求成分，因此每當終於有人看見她們的好，積極地追求時，會馬上讓她以為自己終於遇到「對的人」，而不加思索地縱身跳入關係中。但我們卻往往忽略了——那個賞識我的人，真的就等於「對的人」嗎？

**「賞識」是一回事，「適合」又是一回事。賞識是只看見優點，但適合卻需要連缺點都一併看見，並且理智地衡量自己能不能接受，**而不是一味地認為「有愛就能克服」。空有「賞識」的愛情，只能燃起最初的熾熱，卻不具備長期經營的能力，跟一開始真不真誠、夠不夠愛沒有關係。

但是，「好女孩」等待愛情已經太久了，以為一次次的失落，只是因為自己的好沒被看見，因此更期待被識貨的人發現。但之後如果又遇到有人追求，卻還是沒把「適合」考量進去，只憑一開始的好感就在一起，愛情依舊會被消耗殆盡。待對方離去時，「好女孩」再度覺得被辜負，忿忿不平地認為「男人都騙人」、「我的愛情被詛咒了」，以及「沒人懂我的好」。

其實沒有人的愛情被詛咒，能讓自己困住的，往往只有自己。

親愛的「好女孩」，你的確已經夠好，當然也值得別人的賞識。但是請在飄飄然的同時，也要看看對方的本質到底適不適合你——別在這個時候跟著感覺走，因為在你放棄觀察的時候，也讓自己掉入「好女孩」陷阱了。

# 愛情折返跑：為何戒不掉爛男人

「先說好，你不可以罵我。」于柔緊張地說道：「我知道這個男人很爛，我也想戒，但就是戒不掉。」

她說，這個男友和她分分合合四年多，中間幾次被傷到谷底，都曾下定決心要分手。但是往往沉澱一陣子之後，爛男人還是會回來找她。

「上次他跟我說他想清楚了，最愛的人還是我，也發誓以後不會再跟網友聯繫，要我念在舊情上回來。」于柔憤憤不平地數落：「但是才過沒兩個禮拜，我就在 Skype 上發現他的對話紀錄——他們的聯絡根本連一天都沒有斷過，甚至還在網路上互稱老公老婆。我馬上跟他對質，大吵一架之後又分手了。」

但如果以為這樣就結束，那就錯了。因為爛男人的身邊，多半有一個意志不堅的女人。

她說有時候下定決心封鎖了，但是三天過後，又手賤解除封鎖，看看他有沒有傳訊息；有時候是下定決心不見面，但是對方說晚上要來找她，她想說見一下也還好，見了面以後又忍不住心軟，沒多久又復合，直到下次再度有事情爆發。

「這幾年下來，我發現我朋友越來越少了。」于柔傷心地說：「一開始身邊的朋友還會安慰我，但幾次之後，她們除了『你還跟那個爛男人在一起？』以外，什麼都不想再說了。有時候我覺得，我生命裡好像只剩那個渣男，因為其他異性不會看上我，連朋友都不想跟我好了……」

她頓了頓，憂心忡忡地問道：「午夜夢迴的時候我會想，自己會不會就這樣孤獨終老？我已經對他不抱期望了，也希望能真正下定決心離開。你可以告訴我，到底該怎麼樣才能真正戒掉爛男人嗎？」

「其實戒爛男人就像戒毒一樣呢。」我說：「通常一開始被吸引，是因為他的魅力能暫時填補我們的空虛，但如果繼續下去，身邊的人都會對我們失望而逐漸離去。我們也會更加想逃避痛苦而無法自拔，回到毒品或爛男人的懷抱，開啟周而復始的惡性循環。」

## 「戒斷」不是一念的果斷，是一連串的選擇

我們常常見到身邊的朋友，或是自己本身就曾經這樣：卡在爛男人身邊，走不了，也放不下。

別人都以為她們是沒看清，實際上她們清醒得很，但關鍵就敗在內心的「不穩定」，才會明知道要離開錯的感情，卻總是來來回回地「折返跑」。

造成自己「不穩定」的原因，又粗分為兩大項，而這些也都跟「長期和爛男人交往」有關：

### 一、你的人際關係變得脆弱

沒有人不需要朋友，但朋友都在你跟爛男人歹戲拖棚的過程中，一個一個被氣走了。她們一開始會心疼你、花時間安慰你，即使明天要上班，也會耐心陪你聊到凌晨三點，因為你剛發現爛男人跑去跟網友開房間。

然而當你一而再再而三地回頭，久了朋友只會覺得自己被當傻瓜——勸你勸了半天，第二天恍神還差點被老闆「釘」，結果只換來你兩個禮拜後跟

她說：「我們現在又在一起了，他說他會改！」

當朋友一個一個保持距離，能幫助你離開爛男人的後盾就會越來越少，到最後你的人生只剩爛男人，和其他一樣糟糕的爛事，你當然是說什麼也離不開了。

## 二、你的價值觀變得脆弱

這是一個很可悲的事實：為了要在爛男人身邊活下來，人的價值觀也會變得扭曲。例如：「男人有時候是下半身思考的動物，他性和愛是可以分離的。只要他心裡愛的是我就好。」「其實上次也是我不好，才會惹他那麼生氣。」「他現在雖然還是會情緒失控，但至少不會像之前那樣打我了。」

為了想待下來，女人可以不斷用似是而非的道理說服自己，摧毀自己的價值觀。最後即使已經找不出一丁點好了，她還是可以說：「我就是還愛他。」

在脆弱的價值觀下，人已經沒辦法判斷什麼是對什麼是錯了，更何況堅定地離開爛男人？

而爛男人就像毒品，當然有他的「好」（至少在精神快感上），才會讓你難以戒斷。但也就跟戒毒一樣，戒爛男人並不是光靠果斷就行，而是要高度的耐心跟警覺。每一次想要去解除封鎖的時候、每次想要主動敲他的時候、每次覺得孤單想要他陪伴的時候，都得對自己堅定地說：「不行！」

**一連串的「不行！」，才能堆砌出真正的「戒斷」**。可以的話，也慢慢把那群被你氣跑的朋友找回來——你需要她們做為後盾，以及耐心重建正確的價值觀，才能真正地離開這個「愛情折返跑」的負迴圈。

# 分手，是回到彼此該有的位置

「我不知道，到底該不該跟他分手……」玥如這樣喃喃自語，攪動著眼前的那杯熱紅茶，看著剛倒進去的砂糖緩緩溶解，心情也跟著沉到谷底。

「通常會想著該不該分的時候，就是該分了吧，只是還捨不得而已。」我看著她，心裡默默這樣想著，但沒有把話說出口。

「我們在一起四年了，現在正卡在不上不下的尷尬處境。其實現在回想起來，都怪我交往前沒想清楚，只覺得他這個人還不錯，後來他追我，我就跟他在一起了。但其實我也不是真的那麼喜歡他，隨著時間過去，感覺只有越來越淡，但又一直沒有機會提分手，就拖到現在。」

她頓了頓，繼續苦惱地說道：「直到最近他爸媽催促我們結婚，我才驚覺事態不對，因為我打從心底不想跟他過一輩子。可是一想到要分手又猶豫了，不斷反覆地問自己，這是不是我自己的問題？他明明不是壞人，但為什麼我就是沒辦法喜歡他？也許是每個人在一起久了都會這樣？我是不是太不知足，這把年紀應該要務實一點，不應該再追求什麼天雷勾動地火的感情？」

但說自己「這把年紀」的玥如，今年也不過才三十歲而已。

我點了點頭，同時拿出準備好的牌卡遞給她，請她抽出一張代表自己真正的想法。凝視著她翻出的牌卡一會兒，我緩緩對她說道：

「其實，你在煩惱的根本不是這些問題。」我對玥如輕聲說道，有時候點出事實需要一點點溫柔：「該不該分手，你自己心裡早就有答案。只是因為捨不得，也害怕不確定的未來，才硬找了一些理由，好讓自己可以不要面對這個答案。」

我繼續說道：「他的確很體貼、很溫柔、對你很好，這些都是事實；而你就算不能說很愛他，也不能說不喜歡他。但其實就是這種時候，人會更難分手——因為他的確不錯，而你也害怕一放手，就再也遇不到這麼好的人。

「但是有時候，分手不是一種恩斷義絕，而是讓彼此回到該有的位置。」

## 分手，是歸還他該有的位置

我觀察到一件很有趣的事：人們如果遇到還不錯的同性，都會想先跟對方交朋友，這是很自然的反應。但過一陣子發現不太合適，就會開始保持距離，成為「普通朋友」。而聊得來的，就再拉近一點距離，變成所謂的「手帕交」、「好姊妹」或「閨蜜」。

那一層一層的同心圓，象徵著對方能夠進入我們的世界有多深，而最中心的那一圈，則是經過時間的考驗與深度的觀察，彼此真的非常談得來、具有默契的人，才可以允許進入的核心世界。

只是不曉得為什麼，人們在遇到異性時，這種規則就會瞬間被瓦解成碎片。遇到稍微聊得來的異性，內在馬上心中浮想聯翩，幻想對方就是那個能夠被劃入最核心的世界，是那個深深懂你、陪你、體貼你的白馬王子。明明這樣的人如果是同性，頂多只能被我們放在「普通朋友」、「好同事」、「能幹的上司」的位置，但我們對於愛情的憧憬與期待，往往會蒙蔽我們的雙眼，把一個不是真的這麼夠格的人，硬生生地「破格錄取」，塞進同心圓的中心，並過度期待他能夠稱職地做出這個位置該有的表現。

但這樣的誤會可大了。他的確還不錯，但是他的不錯，其實只能當普通朋友；他的確很能幹，但他的能幹，只適合當個好主管；他當然是個很棒的人，但是他的很棒，只能成為偶爾跟你出來喝杯酒、一起罵客戶的好哥兒們，不是能夠成為每晚躺在你身邊、包容你的情緒、陪伴你低潮、聽得懂你滿肚子心事的枕邊人。

**那無關乎意願，只是能力問題。有些人，就是無力在你身邊扮演這個角色。**

所謂的「分手」，有時候只是把這些「其實只適合當朋友的人」，送回朋友的位置；甚至可能為了對彼此都好，還要退得更遠一些，變成「點頭之交」、「最熟悉的陌生人」。

「分手不是傷害，而是一種正確位置的歸還。」我說，就算交往前看得再清楚，人多少都有誤判的時候。在一起久了發現不適合，也不需要因為「對方其實還不錯」而拖著不肯分，因為「還不錯」的人可以勝任的位置有很多：他可以是「很好的工作夥伴」、「稱職的健身教練」、「博學多聞的專業前輩」，沒有非得要當情人。

放一個人回到屬於他該有的位置，隱含的意義不是失去，也不是誰對誰錯。更長遠的意義，也許是還給彼此一個最舒適的距離。

PART

5

# 回頭看見自己的責任

## 縱容：只是拿自己的自尊，在換對方的不離開

「你記不記得我上次跟你說的那個賤人？」雅雯一在我面前坐下，就開門見山地說道。而距離她上次來找我，已經是三個月前的事。

其實我不太清楚她說的「賤人」是誰，因為舉凡任何與她男友有一腿的女性都統稱為「賤人」，數量之多，令人嘆為觀止。而且她是在交往不到三個月開始，就發現男友有劈腿的跡象。

一開始只是被她偶然發現，男友手機裡躺著曖昧簡訊，訊息是來自於他藕斷絲連的前女友；後來她抓到男友玩交友軟體，他們不但瞞著她出去吃消夜，還在口袋裡掉出一張當天的汽車旅館發票；或是在床頭撿到陌生的耳環（她很確定那不是她的——因為她根本沒有耳洞）。最誇張的一次是她出差十幾天，一回到兩人住的地方，她就直覺家裡有陌生人來過。結果推門進洗手間，一對濕淋淋的、用過的假睫毛就這樣擱在鏡子前，像是嘲諷似的看著她、也像在宣示主權。

你說為什麼不分手？其實這也是我想弄清楚的問題。但依照過去經驗，她每次為了偷吃的證據而大吵，男友都會矢口否認到底：曖昧簡訊是傳好玩、開房間的發票是別人問他要不要兌獎、假睫毛是幾個朋友來他家喝酒，不知道哪個濃妝妹留下來的（哪個女生會在別人家卸假睫毛？）。即使有一兩次百口莫辯，只要激烈爭吵後，男友答應她不會再犯，她就會繼續相信他，兩人繼續在一起，她又繼續查他的勤。「分手」，似乎從來不在她的思考選項裡。

「這次我真的快被氣死了！」她咬牙切齒地說道：「你記得我上次跟你說的前女友嗎？那個賤人現在在澳洲度假打工，她竟然跑來敲我男友，問他要不要去那邊找她。我男友還答應了，很快就跟公司口頭提辭呈，說他想趁年輕出國壯遊。靠！壯遊你媽啦！分明是想趁國外天高皇帝遠，明目張膽地劈腿前女友吧！」

「那，你同意他去嗎？」我忍不住插嘴道，但其實我想說的是：這次你終於清醒了嗎？

「我不願意啊，可是……」她氣勢頓時矮了半截：「說真的，兩條腿長在他身上，他堅持要去我也沒辦法。後來想了好幾天，決定退一步要他保證，去澳洲可以，但絕對不能跟前女友上床。」

她頓了頓，繼續說道：「男人嘛，你越是禁止他，他就越想亂來。所以我後來又跟他說，如果在那邊真有什麼生理需求，就去找不認識的女人解決，記得要戴套就好。反正就是不准碰前女友就是，他也跟我說好。」

「你說什麼？……」我一度懷疑自己是不是造了孽，為什麼耳朵業障這麼重。

「找不認識的女人才不會有感情啊！反正男人是下半身思考的動物，性跟愛是可以分開的。」雅雯理所當然地說道：「兩性專家都說，給男人信任和自由，他才會捨不得離開你。這不就是給他信任嗎？他上哪去找我這麼好的女友？」

「信任和自由不是這樣用的。」我搖搖頭，覺得有必要說句實話：「你這不是信任，而是縱容，你只是拿自尊，在換對方的不離開。」

## 拿「縱容」換愛：只會換到更多的背叛與傷害

很多女孩談戀愛，談到最後自尊盡失，連自己都快認不出自己，回首卻不知道是從哪開始一敗塗地。追根究底，往往就是從這個「縱容」開始的。

一開始是小事，可能只是幾封曖昧簡訊，可能是女同事傳給他「好玩」的親密照，是一對找不到主人的耳環和假睫毛，最後是一張汽車旅館的發票。很多時候你確定自己不是神經質，但就在這個當口，有些女孩卻選擇無視：他的理由你照單全收；他說保證不再犯你就信；他說對她沒感情，你也告訴自己要相信。

然而你並不是還信任，其實你打從心底早就對他沒了信任。你只是知道自己已經沒有籌碼，知道他對於失去你一點都不害怕，因此才用「縱容」這種最後的手段，來換對方的不離開。

**但是「縱容」不是沒有代價的。它會一點一滴侵蝕你的自尊，直到你最後在愛情裡面目全非，連自己都認不出來。**而這時候的你，往往因為什麼都不剩，更會抓著「愛情」之名，掩護早就名存實亡的關係。

真正的信任會讓你感覺舒適，是雙方因為了解彼此自然發生的，一點都沒有痛苦或勉強，也沒有任何目的；「縱容」卻是其中一方，不斷地為自己不願意接受的事實而退讓，目的是為了希望對方留下。

如果你在愛情中已經開始喪失自己，並且不斷用退讓來交換關係的延續，記得停下來，問問自己這個問題：「我到底是真的信任他，還是用縱容，在換他的不離開？」

## 她沒有問題，只是你害怕答案

「你今天晚上有空嗎？或是明天任何時間？」看到修平訊息時，我已經錯過了他三通未接來電。他在私訊裡急切地留言道：「我有急事想約你諮詢，是跟我女朋友有關的，越快越好！」

「可是，這禮拜已經滿了，最快要下週二。」我一邊翻著行事曆，一邊抱歉地說道：「是什麼事情這麼急？」

「好，那先跟你約下週二。」他回道：「用講的不方便，到時候當面聊，先這樣喔。」

我一邊放下手機，一邊想起修平上次找我諮詢時，也是跟他女朋友有關——喔不，那時候還不是女朋友，而是一個他想追的女生。後來好不容易靠苦情打動了她，就有很長一段時間沒再聯絡，之後盡是在臉書上看到他放閃、曬恩愛的照片。

是跟這個女生有關嗎？我一邊翻閱諮詢修平時寫的筆記，心中暗暗地浮起了一股不安。

星期二的時候，修平依約出現，神色一臉愁雲慘霧，悶著頭攪著奶茶，一語不發。我試探性地開口詢問，修平才嘆了口氣說：「今天本來是要帶我女朋友一起來的，但是她打死都不肯，我沒辦法只好自己來了。」

「我的諮詢不適合帶別人一起哦，你事前沒問過我。」我正色對他說：「兩個人的效果會打折扣，尤其有一方是不情願的話，那可能還會有反效果。」

「好吧，反正她最後也是沒來。」修平無奈地聳聳肩，繼續說道：「上禮拜我找你，是因為她當天跟我提分手。她說她仔細思考過，覺得自己沒有想像中愛我，不要耽誤彼此的時間。我本來想你們都是女生，幫我勸勸她或許有用，不然她就會被那幫沒大腦的姊妹洗腦了。」

「呃，為什麼你會覺得她是被洗腦了？」我困惑地問：「她不是說已經想清楚了嗎？」

「才沒有，她根本不知道自己要什麼！」修平忽然憤怒地說道：「她的朋友只會灌輸她一些錯誤觀念，像是什麼『不夠喜歡的人沒辦法走一輩子』、

『價值觀不合就是不適合』，還轉貼一些偏激的兩性文章給她看，說光是對她好不夠，如果在一起不快樂就該放手，她竟然還公開分享在臉書上。什麼話嘛！對她好還不夠，那要怎麼樣才夠？我女朋友原本很單純的，都是被她們影響才會相信這些鬼話！」

眼看修平氣呼呼的樣子，我心裡默默慶幸他平常不大看兩性專欄——因為他口中的那些文章，搞不好有些還是我寫的，只能說他找錯人討拍了。

「我倒覺得，其實你女朋友心裡早就已經有答案了。」我放慢語氣，對修平解釋道：「要知道一個人真正的想法，不是看她對你說了什麼——而是看她在做決定前去找了誰。」

**在擲銅板前的那一刻：你希望它是正面還是反面？**

有一個很著名的說法是這樣的：如果你難以做決定，那就擲銅板吧——在銅板落地那一刻，你心中祈禱它是正還是反？你祈禱的那一面，其實就反映出心中真正渴望的答案。

大部分的時候，人們心中早就有了答案，只是理智告訴他們不可以，或是害怕承擔後果，讓他們難以做出行動。因此他們會到處詢問別人的意見，但實際上，這些人不是在尋找解答，而是希望別人講出自己期望的答案。

**要如何判斷一個人是真的在尋求解答、還是只是尋求一份認同他的答案？很簡單——看他去問誰。**

一個真正感到困惑、想要尋求最佳解答的人，會不遺餘力地蒐集各種可能的建議：正方的、反方的、支持的、否定的、成功的、失敗的，甚至不好不壞的。他會盡力確保資訊完整，以評估下一步的動作。因為他是真的不確定，所以會公平地看待所有可能性。

但是一個心中已經有答案的人，會極力避免被對立面影響。因此對於請教對象會有高度的偏好：想離婚的，會去問離婚成功的前輩；想留下來的，會去問原諒老公外遇的姊妹；想分手的，會去問那些分手後過得更好的；想挽留的，會去問那些吵吵鬧鬧多年卻依然在一起的。

女友跟贊成分手的姊妹請教，或專挑那些「放手後過得更好」的文章讀，其實不是被洗腦，而是心中早已做了決定，才找這些外力支持她行動。

她當然更不可能跟修平一起來，因為他代表的是「希望她留下」的一方，請來的人馬多半只會替他說話，而她不希望自己被影響。

只是我們不願意看清，暗自希望對方還在搖擺、誤以為關係還有救。其實當一個人只尋求特定意見時，就像擲銅板前的祈禱一樣——當事人早就已經知道自己要什麼了。

## 你，牌卡中毒了嗎？

牌卡在我諮詢時，一直是很重要的輔助工具。用人類的角度看事情，難免會有所偏狹。但是搭配靈性工具做為媒介，往往有助於察覺意想不到的盲點，可以用更跳脫的角度看見真相。

但是牌卡的神奇，往往也淪為人類盲目的起點。

「哇！你用的是什麼卡？好漂亮喔！」小薇在我拿出慣用的牌卡時，雙眼閃閃發亮：「我自己也很常抽牌哦！每天我都會抽一張塔羅預測今天的運勢。最近發現了戀愛天使和大天使神諭卡，因為太常抽了，前天還把抽卡網頁設成我首頁呢。」

「這樣啊！」我意識到她行為的不尋常，於是暫時放下牌卡：「那你抽牌的時候都問些什麼？」

「什麼都問耶，不過最常問的是感情。」小薇認真地答道：「跟你說，戀愛天使卡問感情最準了！之前有一次我跟男友吵架，他一個下午不回我訊息、打電話也不接，我擔心到受不了了，超害怕我們就這樣分手。於是我就抽了一張天使卡，牌卡上寫著『風暴將會過去』。我就告訴自己，好，會過去就好，於是咬牙忍耐到晚上都不再找他。」

她興奮地說道：「結果你知道嗎？他後來晚上十點回我訊息，口氣真的就像什麼事都沒發生過一樣，我們就這樣順水推舟地和好了。你說，牌卡是不是超神奇的？」

我點點頭，接著問道：「那後來呢？和好之後，你們有沒有談論下次該怎麼辦？」

「啥？沒有耶，牌卡不是說風暴會過去了嗎？還有什麼好問的？」小薇愣了一下，說道：「不過我今天來，的確是想解決男友的事。我覺得他最近變得很怪，常常不接我電話，都說在忙，但在忙什麼也不知道。有時候我關心他中午吃了沒，他到下午才已讀我。晚上問他在幹嘛，他說跟朋友喝一杯，我問他是哪個朋友，他就開始不讀不回到天亮。早上才回我訊息說昨天喝多了，沒有看手機，但從頭到尾都沒回答我的問題。」

她半是焦躁、半是憂鬱地說：「我也不是要管他，只是他這樣真的讓我很不安。為了這件事我又抽了幾次牌卡，有兩次牌卡都說他可能有新戀情、一次牌卡說是我想太多，搞得我疑神疑鬼，只要他態度怪怪的，我就會忍不住想要再抽一張牌看看。」

小薇望向桌上的牌，不好意思地說道：「你的牌問感情準嗎？我想再確定看看，他到底是真的在外面有女人，還是我太多心？這種問題能問嗎？」

「不是不能問，但就算牌卡告訴你，又有什麼意義呢？」我搖了搖頭問道：「牌卡不是拿來猜心的工具，而是做為內在課題的指引——感情的問題，只有自己能解決，而不是迴避問題，再請牌卡洩漏謎底。」

## 戀愛是你們兩個的事，別讓牌卡成為感情的第三者

牌卡是種很神秘的工具，在困惑的時候抽一張，往往看似無解的局面，都能巧妙地被指點迷津，像是老天洩漏了答案。然而這樣的神奇，卻也造成許多人一遇到問題就去抽牌卡，染上沒有牌卡就難以做決定的「牌卡成癮

症」。久而久之，不再願意靠自己的頭腦思考問題，而是把所有的主控權交給一副沒有生命的紙決定。

**但戀愛的經營，並不是靠「天機」就能順利的。**

「天機」只能告訴你方向，但解決問題還是得靠人。即使牌卡說風暴將會過去，你們言歸於好後還是得溝通；遇到男友行蹤成謎，感情狀況不穩定，不是卯起來抽牌問他是不是出軌，而是鼓起勇氣，拉他坐下來好好談一談。

感情的經營需要溝通與理解，不是遇到問題就躲起來拋給牌卡決定。牌卡說好就繼續蒙著眼睛走、牌卡說不好就疑神疑鬼，這樣的戀情，等於讓牌卡成為你們的第三者。

牌卡最好用的時機，其實是在已經做好了準備，卻依然對未來感到不安時，給予一點跳下去的勇氣；或是在狀況混沌不明時，給自己一點思考的方向。但如果不思考、不改進、不敢面對真相，只想依賴牌卡給自己最佳解答，那麼即使你擁有最神準的牌卡，人生也不會有最佳結果。因為能夠解決問題的，永遠是人，不是一張紙。

我說：「牌卡是思考的指引，不是代替思考的工具。」

牌卡到底行不行？當然行，但是，請永遠別讓牌卡介入你的感情。

# 「勸和」好還是「勸離」好？

你聽過「勸和不勸離」嗎？

每當身邊的長輩得知我會做感情諮詢，都面色凝重地問我：「別人問你意見，你都是勸分還是勸和？」「你不要亂勸人家離婚喔！小孩都生了，就老老實實在一起，不要想這麼多，哪對夫妻不是床頭吵床尾和？」

其實被我諮詢過的人都知道，我只會指出感情中的盲點，但決定要不要分手還是看當事人，並沒有特別傾向勸和還是勸離。但從這樣殷切的叮嚀來看，就知道「勸和不勸離」的想法有多麼根深蒂固。

最近讓我有這種感慨，是在一次坐高鐵的路上。車廂裡面人不多，本以為自己到站前可以小眯一下，卻被前排座位高分貝的講電話聲嚇走了睡意。

「我沒有，我真的沒有！昨天的確是去跟家人吃飯，為什麼我跟家人吃飯還要跟你報備？」女子激動地甩著馬尾，似乎是在跟男友講電話。從我的方向看不出她年紀，但握著手機的手指塗著鮮豔指甲油，看起來頗為時髦：

「你說看到我跟別人走在一起？你為什麼跟蹤我？」「什麼叫不放心，你這樣很噁心你知不知道？」「我沒有做對不起你的事，我就說那真的是我家人！那是我表弟！你為什麼就是不相信我？」

兩個人的對話僵持不下，甚至還開始彼此翻舊帳：什麼你跟我借了十萬還沒還啦；你這一年多吃我的住我的，我都還沒跟你算啦；上次你不是跟我保證你愛我就會相信我，結果跟蹤我是什麼意思等等。車廂裡鴉雀無聲，都聽著女子和男友無止境地兜圈子，直到女子終於氣急敗壞地掛了電話，打給了另一個人。

「喂！」女子對話筒的另一端喊了一聲：「姊，我真的受不了了，阿宏他竟然跟蹤我……」她如泣如訴地把剛剛的事抱怨一遍，哽咽而憤怒地說道：「我真的受不了了，我回去就要跟他分手。他吃我的住我的，又不去找工作，這些我都算了，現在還說怕我出軌偷偷跟蹤我，誰知道他下次又會幹出什麼事來？」

女子抹抹眼淚，一邊聽著電話另一端的回答，隨即激動地回嘴道：「什麼叫他也是因為愛我才這樣？你說他這樣是愛我？」

「我不需要這樣的愛！他愛我就可以跟蹤我和誰出去、又打電話查我的勤嗎？我不需要他用這樣的方式愛我！」

女子顯然沒從姊姊身上討到拍，反而陷入另一波更大的掙扎與循環，最後似乎是談不攏也灰心了，才掛掉電話，像洩了氣的皮球癱在座位上。

我在心底默默祈禱著女子的耳根子夠硬，才不會被姊姊的「好意」所打動。因為在這種時候還勸對方「他也是愛你才這樣」的人，顯然是勸和不勸離派。但是，這樣真的是好的嗎？

我又默默地想著：這個社會被「勸和不勸離」害慘的人，會不會根本比受益的人還多？

## 為什麼要「勸和」？「勸離」又真的好嗎？

我在想「勸和不勸離」這句話，之所以深植人心，應該也代表了某種處世智慧。

其實仔細想想也合理，人性本來就喜聚不喜散，看到別人雙雙對對，心裡總會覺得是好的、是值得恭喜的一件事。如果當事人鬧分手，「勸和」派往往會佔到心理上的便宜——就算分手了，別人也不會怪他，還會覺得他是一片好意；和好了，他也有功，是維護別人感情圓滿的大功臣。

「勸離」派可就沒這麼好運了。如果對方真的分手，自己還會背著「拆散感情」的罪名；對方和好了，反而覺得你是在背後挑撥離間，你裡外不是人，還得罪了小倆口。

說穿了，「勸和不勸離」只是一種人性上的自我保護、是披著善意的自私罷了。

還有另一種說法是：**無論「勸和派」還是「勸離派」，往往都不是站在對方的角度著想，而是要透過說服對方，再一次地說服自己**。

如果她平常就是認定「有個人陪總比孤單好」，因此屢屢原諒出軌男友的人，自然會告訴你「男人嘛，年輕的總是比較愛玩」、「只要他還願意回來，就表示心裡還有你這個人」。怎麼可能說：「這種渣男不要也罷」、「快點分手，你娘把你生得這麼正不是給人糟蹋的」來打自己的臉呢？

同樣的，如果一個總是把「分手」任性掛在嘴邊的人，她也會告訴你

「分就分啊！嚇嚇他也好，不然不知道怕！」「反正男友再交就有了，下一個會更好。」她怎麼可能會說：「你跟他溝通過了嗎？」「有沒有可能是誤會呢？」「事情不要只看表面，或許他做這些事有其他原因？」

正因為「勸和」和「勸離」都不容易，問的人和勸的人都得三思。問的人不妨冷靜想想：勸你的人自己感情幸福嗎？她真的有立場說那些話嗎？而勸的人也得冷靜思考：我是真的覺得這樣對她比較好，還是投射一部分的自己在她身上呢？

如果不知道該勸和還是勸離，那先耐心傾聽就好了，最多告訴她如果換作是你，你會怎麼做。和或離，交給當事人自己決定，才不會替別人的幸福下錯指導棋。

## 靈修，不是讓你諸事順利

認識紅紅，是在某次的靈性課程上。

那次課程後，我和紅紅互加了臉書好友，即使後來現實生活中沒有太多交集，從對方的臉書動態也略知一二。紅紅經常參加各類靈性工作坊、甚至飛到國外上大型課程。平常發表的貼文裡，也熱愛使用「愛自己」、「內在小孩」、「童年陰影」等等辭彙，似乎是一位積極追尋內在成長的女孩。

她晚上私訊我的時候，我也覺得很意外。「我覺得自己卡關了。」紅紅訊息裡透露著沮喪：「知道你對感情議題很擅長，所以想找你諮詢，看能不能找到我問題的盲點？」

我說好，並跟她約定了時間，幾天後，紅紅也準時來咖啡廳赴約。她看起來沒有變很多，只把留長的頭髮紮起了，胸前是條有著神秘圖騰的項鍊。拉開椅子的手上，是好幾串手珠，細看都是粉晶、草莓晶、月光石等等「愛自己」能量的礦石。一坐下來，她又馬上彈起，拿出噴霧往四周噴了一圈，說要先「淨化空間的負能量」。

我對紅紅的舉動看傻了眼，直到她坐定，才回過神來：「好久不見，最近還好嗎？」

「嗯，我不是很確定……」她將手交握在胸前，我又看到她食指戴著有能量符號的戒指：「我是想問關於我男友的事。其實我們交往一年，剛開始感情真的很好，他對我更是體貼得沒話說，即使工作再忙，傳訊息他一定馬上回；每週也會變著花樣帶我出去玩，交往半年內，我們幾乎跑遍了北台灣各大景點。」

紅紅一邊說著，神色卻漸漸變得黯然：「但不曉得為什麼，那段美好的時光回不去了。他現在越來越冷漠，週末常常都在家打電動，很偶爾才會帶我出去玩一次。傳訊息拖幾個鐘頭才回，跟剛交往時的熱烈程度差距超大。最近他手機還開始鎖密碼，我走到他旁邊，他會馬上把手機關上，動作大到連我都起疑，可是我也沒有證據他是不是有事瞞著我。」

她端起桌上的茶喝一口，接著說，其實她為了挽救這段感情，看了很多靈性書籍、也去找很多老師做了療癒。她不安時，就一直告訴自己：「要先愛自己，別人才會愛你」、「要為自己的不安全感負起責任」；也一直告訴自己說，要放下對另一半的掌控與期待，對方才不會越跑越遠。但說也奇怪，這些努力不但沒有讓男友和她的感情變好，反而更加急速惡化。

「我不知道自己還缺了什麼？書上教我們要安撫自己的內在小孩，給自己安全感，希望他給你什麼，要先自己付出。」紅紅委屈地說道：「我覺得我都做到了啊！到底為什麼結果不是我想要的？上禮拜我們吵了一架，他還跟我說，他要好好思考這段關係，讓我大崩潰一個晚上。你可不可以告訴我，我還有什麼地方做得不夠？靈修這麼多還保不住愛情，坦白說，連我自己都覺得很羞愧。」

「如果靈修的出發點是保住關係，那本身就違背靈修的出發點了。」我對紅紅耐心地說道：「靈修並不會讓諸事順利，只會幫助我們揭露現實而已。」

## 靈修不會讓你保住關係，只會讓你認清事實

「靈性成長」在台灣遍地開花，很多人即使沒有正式接觸，也或多或少略有所聞。靈性修行幫助人走上一條內在探索的道路，但任何心靈之路都一樣：它的目的不是讓人「控制結果」，而是「看清現實」。

有些人誤以為，「靈修」是件高人一等的事情——靈修之人家裡應該父慈子孝、五世其昌；婚姻鐵定幸福美滿，交往都能修成正果；每個願望都能在正能量的運作下完美實現，「靈修」就能確保宇宙站在你這邊，橫行江湖百毒不侵。

然而「靈修」其實沒有那麼神奇。**「靈修」只是賦予你面對世間無常的能力，而不是控制事情往自己想要的方向。**

靈修之人當然也會面臨分手，也會婚姻失和，也會情緒失控，甚至生病死亡，只要是人都會，並不會因為「靈修」而有例外。靈修能給我們的，是面對無常的能力，緣分來了欣然接受、緣分走了給予尊重；也能從更透澈的角度看世界，在真正的靈修之人眼裡，沒有一件事有絕對的好或壞，都是生

命體驗、是學習的機會。

只是很多人靈修的時候都搞錯方向了，以為會面臨這些挫折，一定都是自己修得還不夠，因此不是練習放下控制，而是尋找更多的門道想扭轉結果：努力「愛自己」，其實是想交換更多的愛、買了一堆能量產品戴上身、到哪兒都在淨化場域，因為不想被「負能量」干擾心靈平靜。

這些事情，看起來像靈修，實際上卻徹底違背靈修的本意。

回過頭來說，靈修之人面對感情挫敗，其實真的沒什麼好丟臉的。如果這段感情已經不適合你，或是緣分已盡，靈修會幫助你看清楚，並給你好好面對的勇氣——但絕對不是靠靈修讓對方「變得更愛你」。這不是靈修的法則，更不會是任何愛情的目的。

# 他還愛著別人，卻只能跟我在一起？

有人說過這麼一段話：「能夠遇到一個喜歡的人，而那個人也剛好喜歡你，這是生命中最大的奇蹟。」

但就因為是奇蹟，也代表著不容易發生。最多的情況不是一見鍾情（而且一見鍾情，又以鬼遮眼的成分居多），而是你喜歡我多一點、我卻還想再看看；或是我比較喜歡別人，但是那個人我追不到，只好退而求其次的，跟另一個喜歡我的人在一起。

安雅就是陷入這樣困擾的女孩。

「我男朋友跟我交往前，喜歡的其實是另一個女生。」她有些支支吾吾，不想承認似的說：「他們在學生時期就認識了，那女生當年可是校花，多得是想追她的人，他苦戀多年，也只能守著對方當朋友。後來女生分手了，他還陪著她療傷，最後女生也沒跟他在一起，跑去跟別人結婚了。」

她頓了頓，喝了口苦澀的咖啡，想著該怎麼繼續措辭下去：「後來聽說他打擊很大，一蹶不振了好一陣子。有個朋友看不下去，就說要介紹妹給他。沒錯，那個妹就是我——然後認識沒多久，我們就在一起了。」

「喔喔，這麼快？那你們之間相處還順利嗎？」我問道。

「唉，順利的話就好了。」安雅眼神透露著憂愁道：「我不曉得自己是因為知道他的過去而疑神疑鬼，還是他真的心裡還沒放下。他和那個女生還有聯絡，雖然大多是閒聊，也不怕我看對話紀錄，但我還是覺得不舒服。尤其我男友是工程師，女生有電腦問題還是會問他，他偶爾也會幫她代買一些小東西——雖然真的是小事啦，朋友之間本來也都會這樣，但我就是覺得不太開心，他們難道就不能斷乾淨嗎？還是我真的太小心眼？」

「那除了這個女生以外，你們平常相處上還好嗎？」我接著問道。

「平常……也算還好。不知道該怎麼形容，我們在一起不到半年，目前為止他對我算不錯，男友該有的體貼和責任他都有盡到，但就是有一種不踏實感，總覺得自己只是備胎，如果他可以選的話，是不會跟我在一起的。你會覺得是我想太多嗎？我是不是該好好在一起就好，不要再胡思亂想了？」

「我可以理解你的不安，也不完全否認你的擔憂。畢竟他是被迫放棄這段感情的，並不是真的死心，調適恐怕還是需要一點時間。」

我沉思了一會兒，繼續對安雅說道：「但是不安全感不是問題，你們目前感情的深度不夠才是。」

## 感情的深度，才能決定安全感的溫度

喜歡的人以前比較喜歡別人，是許多戀人隱藏在心裡的痛。他們也想要好好在一起，卻總覺得心中有個隱形的情敵，自己無論如何也比不上，而對方只是沒得選才和自己在一起。

然而，的確有些人在和「第二志願」交往之後，才發現她其實好得不得了，根本遠勝第一志願，直呼「幸好當初沒跟她在一起，不然一定不可能像現在一樣快樂」；也有人吃著碗裡看著鍋裡，總覺得拿不到的比較香，因此時不時就要沾一下別人的東西，才能抒發自己只能和「第二志願」在一起的委屈。

**我們很難判斷身邊的人是屬於哪一類型，但唯一能夠轉化這樣不安全感**

**的東西，只有彼此感情的深度。**

當兩個人的關係還不穩定的時候，還在情傷中的人，的確很容易掛念著曾經喜歡的人，但不代表他沒有意願清理自己，進入新的關係。而已經成為他伴侶的人，與其把心神花在疑神疑鬼、查勤或禁止對方聯絡，不如好好花一些心思，先陪伴他走過脆弱，同時一起經營「屬於你們兩個」的時間與美好。

如果對方有心走出來，他會有所回應，用心打造屬於你們的新回憶的。久而久之，逐漸提升的感情溫度，就有可能慢慢融化糾結在他內心的陰影；但反之，如果時間逐漸過去（最多半年一年吧），對方卻似乎還耽溺在那份情傷走不出來，只有自己單方面在討好委屈，那麼這樣的感情，真的放手比較快。

因為在他眼裡，你不是你，只是他的「第二志願」——一個永遠比不上第一志願的女生。

## 你不是想結婚，只是害怕他不愛你

現在很多人，交往已經「不必」以結婚為前提。

但是如果交往到一定的程度，對方卻還沒有結婚的表示時，許多人還是會陷入焦慮，例如這次來找我的姿玲。

「你的牌卡有沒有辦法算，我男友什麼時候會跟我求婚啊？」姿玲看起來年紀不大，卻出乎意料地問起婚姻問題。

「怎麼了，為什麼想結婚？是家裡有給壓力嗎？還是有計劃幾歲生小孩？」我問她道。

「也沒有，我爸媽是完全不逼的，他們都順其自然。小孩我沒特別想生，因為本來就沒有很喜歡，所以生不生沒有關係，反正現在的薪水也養不起。」姿玲回答得倒乾脆。

聽她一說，我反而更好奇起來了：「既然這樣，那你這麼急著想結婚的原因是什麼？」

「咦，這個嘛……」她像是意外我會這麼問，想了一陣子才回答道：「可是兩個人交往久了，不是本來就應該考慮結婚嗎？我們都在一起兩年半了，身邊的人也都在開玩笑，什麼時候可以喝我們的喜酒。但是我發現，男友每次被問到這個問題時，都會打哈哈帶過，然後巧妙地轉移話題。我本來也不是那種急著要催婚的女人，但看他這樣子反而讓我很不安，害怕他其實根本不想跟我結婚，那我該怎麼辦？」她不安地說道。

我點點頭。的確，對很多女生來說，自己不急著結婚是自己的事，但聽到對方也不急，反而會開始介意起來。

「那他是個會想結婚的人嗎？」我再問了一句：「你有私下問過他的想法嗎？是擔心目前存款還不夠、想再交往久一點看看，或單純沒有想結婚的意願？」

「我不知道耶……」她吞吞吐吐地坦承：「其實一來我是覺得女生太主動，好像會被男生看扁；二來，我承認自己也有點害怕他的答案。」

「好。」我點點頭表示明白：「但我也不曉得這種事能不能問牌卡呢，不然你先抽一張，看看情況是什麼吧！」我將牌卡遞給姿玲。她小心抽出一張，神色凝重地遞給我。

我仔細端詳了一會兒牌卡，接著抬起頭對姿玲道：「你的問題不在問題本身呢。」我說：「結婚不能解決問題，因為你現在只是害怕這個男人不夠愛你。」

## 你其實不是真想結婚，只是想要確定自己被愛

如果問一個期待對方求婚的女生為什麼想結婚，她們多半會莫名其妙地答道：「哪有為什麼？交往久了不是應該結婚嗎？」

但既然如此，問她為什麼不去確定男生想法時，她們又會支支吾吾地回答：「不好吧。」「女生先開口像話嗎？」「結婚本來就是男生該主動的事。」「難道他不知道應該給我一個交代嗎？」

這段話，背後隱藏著一個邏輯：其實你並不了解他，而且對這段感情也不是真的有信心。

一段連對方想法都搞不清楚的感情，本身就沒有準備好邁入婚姻。而如

果連主動開口都覺得會被對方看扁，那表示你根本不認為，這段感情有穩定到可以討論務實問題，那同樣也不具備邁入婚姻的條件——畢竟後面等著你的，是更多血淋淋的、柴米油鹽的人生。

一個人會在這麼不了解對方、對感情又沒有信心的情況下，還急著想結婚，真正的原因早已不是「本來就該結婚」這麼簡單，而是正好相反：「本身對感情不安，想用婚姻的承諾來解決。」

但你的不安從何而來呢？不妨仔細想想，也許來自於他平常對你忽冷忽熱，也許是來自他常常行蹤不定，也許是因為他過去的情史有種種劣跡，又或者其實什麼都沒有，僅僅是你對感情的不安全感在咬齧自己，才讓你覺得「應該要用什麼好好把他綁住才行」。

**然而不管是什麼原因，想用「結婚」來保障「愛情」卻是個天大的錯誤。**靠結婚獲得的安全感是暫時的，因為「婚姻」能換來的只是世俗保障，是一張約定共同生活的契約，卻不會保障他對你的情感。甚至可能會在感情沒有成熟的情況下，被逼著結婚承擔責任，而讓兩人心理的距離越來越遠。

如果你現在很想結婚，甚至在心裡巴不得對方快點求婚，不妨問問自己：我現在急著想結婚的原因是什麼？

不要用「交往久了本來就應該結婚」來逃避面對答案，如果你們的感情真的有成熟到可以邁入婚姻，你不會不知道他的心意、更不會不敢提起這個話題。而當你願意誠實面對答案的時候，或許會發現，自己其實也沒有真的準備好邁入婚姻——你只是希望靠婚姻來綁住愛情而已。

# 名分我可以不要，但你不能給不起

雅庭在預約諮詢時，留了一句話給我：「我已經不知道愛是什麼了。」兩週後見到她本人，神色看起來就跟她的文字一樣苦惱。我也不拐彎抹角，直接了當地問道：「感情出問題了？」

她點了點頭。「現在有對象嗎？」我繼續接著問。

「算是有——只不過，我們沒正式在一起……」她吞吞吐吐地攪著咖啡答道。

我點了點頭：「還在曖昧期啊？這樣多久了？」

「半年。」她回答這個問題倒是乾脆，只是多了些苦澀：「但情侶間該做的那些都做了，還算『曖昧期』嗎？」

「呃……就我的定義來說不算吧。」我聳了聳肩，說道：「曖昧應該比較像是朋友之上，又多了一點點言語和肢體上的親暱。所以，你們沒有談過『要不要在一起』這件事嗎？」

「你問到重點了。」雅庭終於嘆了口氣，打開話匣子倒出心事：「他之前跟我說過，兩個人在一起互相喜歡比較重要，沒有一定要用男女朋友的名義拴住對方，說這樣很累，不喜歡這樣的關係。」

「我一開始接受這樣的說法，但相處一陣子之後，覺得他若即若離，甚至跟其他人的關係也曖昧不清，讓我很不舒服。但我身分又不是他『女朋友』，沒有資格叫他交代清楚，這才發現，沒有確定的關係其實讓我很不安。」雅庭無奈地說道。

我點點頭表示理解，她又繼續說道：「這段期間我心情很亂，還跑去看了很多心靈書籍，裡面的確有提到：愛應該是兩個人發自內心的吸引，一旦想要用『名分』來框住對方，就是一種恐懼、一種佔有，那不是愛。」

她若有所思地想了想，接著問我：「其實這也是我找你的原因。你是心靈工作者，應該可以明白這些書的意思，但為什麼我愛他卻做不到？到底該怎麼樣，才能安心地跟他在一起，又做到書上的『不佔有、不恐懼』呢？」

## 關係中的名分：我可以選擇不要，但你不能給不起

說起「名分」，很多人腦中都會浮現八點檔的小三，挺著大肚子來「要個名分」；或是偶像劇裡面的嬌嬌女，對著關係曖昧的男主角淚眼婆娑地泣問：「我到底是你的誰？」

「要名分」太八股，或是聽起來太在乎，似乎不是「獨立新女性」該有的形象。

因此，有些女孩在男人遲遲不認她是「女朋友」時，她們會開始逃避，或是跑去看心靈書籍，再用書上的道理催眠自己說：「重要的是我們彼此相愛」、「想要名分是一種佔有慾，這會貶損愛的品質」、「真正的愛，是享受當下相伴的快樂」、以及「未來誰也說不準，不要用恐懼束縛關係。」

**這些話百分之百正確，但，卻不應該做為「得不到名分」時逃避的藉口。**

更正確地來說，面對一個遲遲不肯正面承認你是「女朋友」的男人，該有的霸氣是：**「名分我可以不要，但你不能給不起」；而不是「他不給我，所以我才假裝自己不想要。」**

當他願意稱你一聲「女朋友」，願意跟你認真協調相處上的摩擦，願意跟你討論未來。在那個安全感和互相信任之下，女人才能夠自信滿滿地說「有沒有名分都沒關係」、「我不想用名分綁住你」，這才是真的不佔有、不恐懼，是出自於信任的真實感情。

但是當他拒絕承諾，逃避面對責任，只想享受有人陪的快樂，而自私地讓你單方面承擔不安全的恐懼時，硬是洗腦自己「我要學習活在當下」、「反正我也不相信名分」，並不會讓你更接近愛，反而是被捲進漩渦，跟對方一起走向逃避。

我說，不要害怕「要名分」。

想要名分，想要被稱為一聲「女朋友」，不是什麼可恥的事，更不會因此讓你更加悖離愛情。

你當然可以大方地說自己不在乎——但前提是，他不能給不起。

## 選擇愛他之外，你還可以選擇快樂

有人說戀愛中的女人最美麗，我卻對這句話打個問號——因為這句話的前提是，對方也願意給你對等的愛與承諾。如果只是單方面的愛，不只不會讓女人變美，還會摧毀女人的自尊，久而久之連美貌也逐漸凋零。

明巧看起來面容憔悴，的確不像是最近剛戀愛的樣子。不過正確來說，她並不是「戀愛」，而是愛上一個人，對方卻遲遲不給她一個明確的表示。

「我跟他認識到現在已經五個月了，每天都會互傳訊息，有時候過分一點，還會聊到十八禁的程度……」明巧越講越小聲，像是不好意思被鄰桌的人聽見：「一直到最近兩個月，我們常常單獨出去，雖然沒有明確的牽手還是擁抱，但是肢體接觸很頻繁。我相信在別人眼裡，我們就跟正常情侶沒兩樣了。但是，我們並沒有正式在一起。」她說著，一邊端起滾燙的熱茶喝了一口，又滿臉沮喪地放下。

「有沒有可能，他其實已經把你當女友了，只是覺得沒必要講得那麼白？」我試探性地問道，因為的確有這種類型的男生。

「不，我很確定不是。因為他連跟我對話時，都一直強調我是她『很好的朋友』，顯然不認為我的身分是女友。而且有時候，我們已經靠得很近了，我都以為他接下來要親我或是有進一步動作，但他就會在那裡停了下來，像是什麼都沒發生，過一陣子又把話題扯開。」

明巧嘆了口氣，搖了搖頭，像是不敢相信自己的遭遇：「說實在，我都開始懷疑自己的價值觀了，真的有人認為『朋友』可以這麼親密嗎？但是他又沒佔我便宜，我也沒辦法把他當成『玩咖』斷乾淨。最近我開始越來越患得患失，每次出去都期待他今天會告白，但即使我們相處得再愉快，他都不會有進一步表示。每次回家我都像洩了氣的皮球，覺得今天期望又落空了，難過得睡不著。」

我點了點頭，這種介於「玩咖」和「朋友」之間的人很麻煩，因為他的確什麼都沒做，對你也很好，因此你連直接判他出局的藉口都沒有。「那你有想過要攤牌嗎？」我問。

「有想過，可是我不敢。」她囁嚅著說道：「其實看他這樣，我心裡也有數。他說以前有個喜歡的人傷他很深，現在自己對感情很害怕，我猜也因為這樣，他才總在緊要關頭就煞車，又遲遲不肯跨入下一步。所以我也怕，一旦講白了，關係也就毀了，那我連現在的美好都會失去，因此也不敢真的開口。」

我又問道。

「那你有給自己一個時限嗎？例如多久之後還沒有改變，就要離開？」

「這，不知道耶……」明巧看了看我，又茫然地盯著茶杯說：「我是有這樣想過，如果半年內他都沒把自己的狀況處理好，我就要慢慢離開他。可是說歸說，我又懷疑自己到底有沒有勇氣做到。這段時間，我把自己搞得越來越糟，睡也睡不好，鏡子裡那個憔悴的我，臉顯得好陌生。因此才想來問你：有沒有什麼方法，能夠解決現在的處境，也讓我能夠快樂起來？」

「你如果要快樂，就只能選擇別再愛他。」我對明巧坦白地說道：「有些愛情是這樣的：愛上他，就注定不可能快樂，你只能為自己二選一。」

## 你要選擇愛他，還是選擇快樂？

有些人你愛上了很辛苦，跟他共處的時光雖然也開心，但夜深人靜時，又為他的不肯承諾、彼此之間沒有未來而痛苦。偶爾你萌生想要離開的念頭，但又苦於他沒真的做錯什麼，所以也狠不下心放手──重點是你還不知道要怎麼跟他開口，因為你們根本什麼都不是。

「有時候，我覺得自己比小三還不如。」有位諮詢案主曾經幽幽地說：「小三還可以知道自己被愛過，我卻只能說自己是朋友。」

「曖昧對象」乍聽之下好像很浪漫的名詞，但時間拖久了，身邊的朋友都開始問你們怎麼還沒在一起，連你也都覺得挫敗：是不是我不夠好，他才沒有打算給我承諾？

自信在糾結之中不斷流失掉，「曖昧關係」成了唯一的慰藉，甚至更加放不了手，想要拚命確定自己被喜歡，以挽回流失的自信。

**因此當你問「要怎麼樣才能快樂？」時，我只希望你認清：「現狀就是不可能快樂；想要快樂，就別留下來，兩者只能二選一。」**

留下來，就等於用時間跟他耗，看一年半載後他會不會良心發現，解決自己的問題，好好跟你在一起（但我必須殘酷地說：機率很低）。這段期間，你狀況不會更好，只會更糟；只會更患得患失，不會更加快樂。

有些人就是這樣：愛上他，你注定不可能快樂。也只有你能問問自己：為了一個人放棄快樂，這樣的愛情到底值不值得？

國家圖書館出版品預行編目 (CIP) 資料

有些情傷過不了，是因為你還不夠懂自己——照見真實自我的 43 道愛的練習題 / 柚子甜著 . -- 初版 . -- 臺北市 : 遠流 , 2018.07
面； 公分
ISBN 978-957-32-8305-8( 平裝 )
1. 自我實現 2. 生活指導 3. 女性
177.2 107008710

# 有些情傷過不了，是因為你還不夠懂自己

## ——照見真實自我的 43 道愛的練習題

作　　者：柚子甜
總 編 輯：盧春旭
執行編輯：黃婉華
行銷企劃：鍾佳吟
封面設計：謝佳穎
內頁排版設計：Alan Chan

發 行 人：王榮文
出版發行：遠流出版事業股份有限公司
地　　址：臺北市南昌路 2 段 81 號 6 樓
客服電話：02-2392-6899
傳　　真：02-2392-6658
郵　　撥：0189456-1
著作權顧問：蕭雄淋律師

2018 年 7 月 1 日初版一刷
2019 年 12 月 26 日初版二刷
定價：新台幣 320 元（如有缺頁或破損，請寄回更換）

ISBN 978-957-32-8305-8

遠流博識網
http://www.ylib.com
Email: ylib@ylib.com